دیوانِ غالب

آصف ملک

اسد اللہ خان غالب

نہ تھا کچھ تو خدا تھا، کچھ نہ ہوتا تو خدا ہوتا
ڈبویا مجھ کو ہونے نے، نہ ہوتا میں تو کیا ہوتا

دیوانِ غالب

میرزا اسد اللہ خان غالب

فیروز سنز لمیٹڈ

لاہور - راولپنڈی - کراچی

بار اوّل ---------- ۱۹۸۹ء

مطبع -- فیروز سنز لمیٹڈ لاہور

مجلّد --- 969 0 00792 0

غیر مجلّد -- 969 0 00885 4

غزلیات

۱

نقش فریادی ہے کس کی شوخیٔ تحریر کا؟
کاغذی ہے پیرہن ہر پیکرِ تصویر کا

کاوْ کاوِ سخت جانیہائے تنہائی، نہ پُوچھ
صُبح کرنا شام کا، لانا ہے جُوئے شیر کا

جذبۂ بے اختیارِ شوق دیکھا چاہیے
سینۂ شمشیر سے باہر ہے دم شمشیر کا

آگہی دامِ شُنیدن جس قدر چاہے بچھائے
مُدّعا عَنقا ہے اپنے عالَمِ تقریر کا

بسکہ ہُوں غالبؔ اسیری میں بھی آتش زیرِ پا
مُوئے آتش دِیدہ ہے حلقہ مِری زنجیر کا

جراحت تحُفہ، الماس ارمُغاں، داغِ جگر ہدیہ
مُبارک باد اسدؔ، غمخوارِ جانِ درد مند آیا

جُز قیس اور کوئی نہ آیا بہ رُوئے کار
صحرا مگر بہ تنگیٔ چشمِ حُسُود تھا

آشفتگی نے نقشِ سُوَیدا کیا دُرُست
ظاہر ہُوا کہ داغ کا سرمایہ دُود تھا

تھا خواب میں خیال کو تجُھ سے مُعاملہ
جب آنکھ کھُل گئی، نہ زیاں تھا نہ سُود تھا

لیتا ہُوں مکتبِ غمِ دِل میں سبق ہنُوز
لیکن یہی کہ رفت، گیا اور بُود، تھا

ڈھانپا کفن نے داغِ عیُوبِ برہنگی
میں ورنہ ہر لباس میں ننگِ وُجُود تھا

تیشے بغیر مَر نہ سکا کوہکن اسدؔ
سرگشتۂ خمارِ رُسُوم و قیُود تھا

کہتے ہو نہ دیں گے ہم، دِل اگر پڑا پایا
دِل کہاں کہ گُم کیجے، ہم نے مُدّعا پایا

عشق سے طبیعت نے زیست کا مزا پایا
درد کی دوا پائی، دردِ بے دوا پایا

دوستدارِ دشمن ہے، اعتمادِ دل معلوم
آہ بے اثر دیکھی، نالہ نارسا پایا

سادگی و پُرکاری، بیخودی و ہُشیاری
حُسن کو تغافل میں جرأت آزما پایا

غُنچہ پھر لگا کھلنے، آج ہم نے اپنا دِل
خُوں کیا ہُوا دیکھا، گُم کِیا ہُوا پایا

حالِ دل نہیں معلُوم، لیکن اِس قدر یعنی
ہم نے بارہا ڈھونڈا، تم نے بارہا پایا

شورِ پندِ ناصح نے زخم پر نمک چھڑکا
آپ سے کوئی پُوچھے: تُم نے کیا مزا پایا؟

دِل مرا سوزِ نہاں سے بے مُحابا جل گیا
آتشِ خاموش کے مانند گویا جل گیا

دِل میں ذوقِ وصل و یادِ یار تک باقی نہیں
آگ اِس گھر میں لگی ایسی کہ جو تھا جل گیا

میں عدم سے بھی پرے ہوں، ورنہ غافل بارہا
میری آہِ آتشیں سے بالِ عنقا جل گیا

عرض کیجے جوہرِ اندیشہ کی گرمی کہاں
کچھ خیال آیا تھا وحشت کا کہ صحرا جل گیا

دل نہیں، تجھ کو دکھاتا ورنہ داغوں کی بہار
اس چراغاں کا، کروں کیا، کارفرما جل گیا

میں ہوں اور افسردگی کی آرزو، غالبؔ کہ دل
دیکھ کر طرزِ تپاکِ اہلِ دنیا جل گیا

شوق، ہر رنگ رقیبِ سروساماں نکلا
قیس تصویر کے پردے میں بھی عریاں نکلا

زخم نے داد نہ دی تنگیٔ دل کی یارب
تیر بھی سینۂ بسمل سے پرافشاں نکلا

بوئے گل، نالۂ دل، دودِ چراغِ محفل
جو تری بزم سے نکلا، سو پریشاں نکلا

دِلِ حسرت زدہ تھا مائدۂ لذّتِ درد
کام یاروں کا بہ قدرِ لب و دنداں نکلا

اے نو آموزِ فنا ہمّتِ دشوار پسند
سخت مُشکل ہے کہ یہ کام بھی آساں نکلا

دِل میں پھر گریے نے اِک شور اُٹھایا غالِب
آہ جو قطرہ نہ نِکلا تھا، سو طوفاں نکلا

دھمکی میں مر گیا، جو نہ بابِ نبَرد تھا
عِشقِ نبَرد پیشہ طلب گارِ مرد تھا

تھا زندگی میں مرگ کا کھٹکا لگا ہُوا
اُڑنے سے پیشتر بھی مِرا رنگ زرد تھا

تالیفِ نُسخہ ہائے وفا کر رہا تھا میں
مجموعۂ خیال ابھی فرد فرد تھا

دِل تا جگر کہ ساحِلِ دریائے خوں ہے اب
اِس رہگزر میں جلوۂ گُل آگے گرد تھا

جاتی ہے کوئی کشمکش اندوہِ عشق کی؟
دل بھی اگر گیا تو وہی دل کا درد تھا

احباب چارہ سازیٔ وحشت نہ کر سکے
زنداں میں بھی خیال بیاباں نورد تھا

یہ لاشِ بے کفن اسدؔ خستہ جاں کی ہے
حق مغفرت کرے عجب آزاد مرد تھا

شمارِ سبحہ مرغوبِ بُتِ مشکل پسند آیا
تماشائے بہ یک کف بُردنِ صد دل پسند آیا

بہ فیضِ بیدلی نومیدیٔ جاوید آساں ہے
کشائش کو ہمارا عقدۂ مشکل پسند آیا

ہوائے سیرِ گُل آئینۂ بے مہریٔ قاتل
کہ اندازِ بہ خوں غلتیدنِ بسمل پسند آیا

دہر میں نقشِ وفا وجہِ تسلّی نہ ہُوا
ہے یہ وُہ لفظ کہ شرمندۂ معنی نہ ہُوا

سبزۂ خط سے ترا کاکُل سرکش نہ دبا
یہ زُمرّد بھی حریفِ دمِ افعی نہ ہُوا

میں نے چاہا تھا کہ اندوہِ وفا سے چھُوٹوں
وہ ستمگر مرے مرنے پہ بھی راضی نہ ہُوا

دل گُزرگاہِ خیالِ مے و ساغر ہی سہی
گر نفَس جادۂ سرمنزلِ تقوی نہ ہُوا

ہُوں ترے وعدہ نہ کرنے میں بھی راضی کہ کبھی
گوش منّت کشِ گُلبانگِ تسلّی نہ ہُوا

کس سے محرُومیٔ قسمت کی شکایت کیجے
ہم نے چاہا تھا کہ مرجائیں، سو وُہ بھی نہ ہُوا

مرگیا صدمۂ یک جنبشِ لب سے غالب
ناتُوانی سے حریفِ دمِ عیسی نہ ہُوا

ستائش گر ہے زاہد اس قدر جس باغِ رضواں کا
وہ اِک گلدستہ ہے ہم بیخودوں کے طاقِ نسیاں کا

بیاں کیا کیجیے بیدادِ کاوش ہائے مژگاں کا
کہ ہر اِک قطرۂ خُوں دانہ ہے تسبیحِ مرجاں کا

نہ آئی سطوتِ قاتل بھی مانع میرے نالوں کو
لیا دانتوں میں جو تنکا، ہُوا ریشہ نیستاں کا

دِکھاؤں گا تماشا، دی اگر فُرصت زمانے نے
مرا ہر داغِ دل اِک تخُم ہے سروِ چراغاں کا

کیا آئینہ خانے کا وہ نقشہ تیرے جلوے نے
کرے جو پرتوِ خُورشید، عالم شبنمستاں کا

مری تعمیر میں مُضمر ہے اِک صُورت خرابی کی
ہیُولیٰ برقِ خرمن کا ہے خُونِ گرم دہقاں کا

اُگا ہے گھر میں ہر سُو سبزہ، ویرانی تماشا کر
مدار اَب کھودنے پر گھاس کے ہے میرے درباں کا

خموشی میں نہاں خوں گشتہ لاکھوں آرزوئیں ہیں
چراغِ مُردہ ہُوں میں بے زباں، گورِ غریباں کا

ہنوز اِک پرتوِ نقشِ خیالِ یار باقی ہے
دلِ افسردہ گویا حُجرہ ہے یُوسف کے زِنداں کا

بغل میں غیر کی آج آپ سوئے ہیں کہیں ورنہ
سبب کیا، خواب میں آکر، تبسُّم ہائے پنہاں کا

نہیں معلُوم کِس کِس کا لہُو پانی ہُوا ہوگا
قیامت ہے سرشک آلودہ ہونا تیری مژگاں کا

نظر میں ہے ہماری جادۂ راہِ فنا غالب
کہ یہ شیرازہ ہے عالم کے اجزائے پریشاں کا

نہ ہوگا یک بیاباں ماندگی سے ذوق کم میرا
حبابِ موجۂ رفتار ہے نقشِ قدم میرا

محبّت تھی چمن سے لیکن اب یہ بے دماغی ہے
کہ موجِ بُوئے گُل سے ناک میں آتا ہے دم میرا

سراپا رہنِ عشق و ناگزیرِ اُلفتِ ہستی
عبادت برق کی کرتا ہُوں اور افسوس حاصل کا

بقدرِ ظرف ہے ساقی، خُمارِ تشنہ کامی بھی
جو تُو دریائے مے ہے تو میں خمیازہ ہُوں ساحل کا

محرم نہیں ہے تُو ہی نواہائے راز کا
یاں ورنہ جو حجاب ہے، پردہ ہے ساز کا
رنگِ شکستہ صُبحِ بہارِ نظارہ ہے
یہ وقت ہے شگفتنِ گُل ہائے ناز کا
تُو اور سُوئے غیر نظر ہائے تیز تیز
میں اور دُکھ تری مژہ ہائے دراز کا
صرفہ ہے ضبطِ آہ میں میرا، وگرنہ مَیں
طُعمہ[1] ہُوں ایک ہی نفسِ جاں گُداز کا
ہیں بسکہ جوشِ بادہ سے شیشے اُچھل رہے
ہر گوشۂ بساط ہے سر شیشہ باز کا

[1] طُعمہ (خوراک)۔ طَعمہ (لُقمہ)

کاوشِ کا، دل کرے ہے تقاضا کہ ہے ہنُوز
ناخُن پہ قرض اِس گرہِ نیم باز کا
تاراج کاوشِ غمِ ہجراں ہُوا، اسدؔ
سینہ، کہ تھا دفینہ گُہرہائے راز کا

بزمِ شاہنشاہ میں اشعار کا دفتر کھُلا
رکھیو یارب یہ درِ گنجینۂ گوہر کھُلا
شب ہُوئی، پھر انجمِ رخشندہ کا منظر کھُلا
اِس تکلّف سے کہ گویا بُتکدے کا دَر کھُلا
گرچہ ہُوں دیوانہ، پر کیوں دوست کا کھاؤں فریب
آستیں میں دشنہ پنہاں، ہاتھ میں نشتر کھُلا
گو نہ سمجھوں اُس کی باتیں، گو نہ پاؤں اُس کا بھید
پر یہ کیا کم ہے کہ مجھ سے وہ پری پیکر کھُلا
ہے خیالِ حُسن میں حُسنِ عمل کا سا خیال
خُلد کا اِک دَر ہے میری گور کے اندر کھُلا

مُنھ نہ کُھلنے پر وہ عالم ہے کہ دیکھا ہی نہیں
زُلف سے بڑھ کر نقاب اُس شوخ کے مُنھ پر کُھلا

در پہ رہنے کو کہا اور کہہ کے کیسا پھر گیا
جِتنے عرصے میں مِرا لپٹا ہُوا بستر کُھلا

کیوں اندھیری ہے شبِ غم، ہے بلاؤں کا نُزُول
آج اُدھر ہی کو رہے گا دیدۂ اختر کُھلا

کیا رہُوں غُربت میں خوش، جب ہو حوادِث کا یہ حال
نامہ لاتا ہے وطن سے نامہ بَر اکثر کُھلا

اُس کی اُمّت میں ہُوں مَیں میرے رہیں کیوں کام بند
واسطے جس شہ کے غالبؔ گُنبدِ بے دَر کُھلا

شب کہ برقِ سوزِ دل سے زَہرۂ ابر آب تھا
شعلۂ جوّالہ ہر اِک حلقۂ گرداب تھا

واں کرم کو عُذرِ بارش تھا عناں گیرِ خرام
گریے سے یاں پنبۂ بالش کفِ سیلاب تھا

واں خودِ آرائی کو تھا موتی پرونے کا خیال
یاں ہجومِ اشک میں تارِ نگہ نایاب تھا
جلوۂ گل نے کیا تھا واں چراغاں آبجُو
یاں رواں مژگانِ چشمِ تر سے خُونِ ناب تھا
یاں سرِ پُر شور بیخوابی سے تھا دیوار جُو
واں وہ فرقِ ناز محوِ بالشِ کمخواب تھا
یاں نفَس کرتا تھا روشن، شمعِ بزمِ بیخودی
جلوۂ گُل واں بساطِ صُحبتِ احباب تھا
فرش سے تا عرش واں طُوفاں تھا موجِ رنگ کا
یاں زمیں سے آسماں تک سوختن کا باب تھا
ناگہاں اِس رنگ سے خُوننابہ ٹپکانے لگا
دِل کہ ذوقِ کاوشِ ناخُن سے لذّت یاب تھا

نالۂ دل میں شب اندازِ اثر نایاب تھا
تھا سپندِ بزمِ وصلِ غیر، گو بے تاب تھا
مَقدمِ سیلاب سے دِل کیا نشاط آہنگ ہے
خانۂ عاشق مگر سازِ صدائے آب تھا

نازشِ ایّامِ خاکسترنشینی، کیا کہوں
پہلوئے اندیشہ وقفِ بسترِ سنجاب تھا

کچھ نہ کی اپنے جنونِ نارسا نے، ورنہ یاں
ذرّہ ذرّہ رُوکشِ خورشیدِ عالَم تاب تھا

آج کیوں پروا نہیں اپنے اسیروں کی تجھے؟
کل تلک تیرا بھی دِل مہر و وفا کا باب تھا

یاد کر وہ دِن کہ ہر اِک حلقہ تیرے دام کا
اِنتظارِ صید میں اِک دیدۂ بے خواب تھا

میں نے روکا رات غالبؔ کو، وگرنہ دیکھتے
اُس کے سیلِ گریہ میں گردُوں کفِ سیلاب تھا

ایک ایک قطرے کا مجھے دینا پڑا حساب
خُونِ جگر ودیعتِ مژگانِ یار تھا

اب میں ہُوں اور ماتمِ یک شہرِ آرزو
توڑا جو تُو نے آئنہ، تمثال دار تھا

گلیوں میں میری نعش کو کھینچے پھرو، کہ میں
جاں دادۂ ہوائے سرِ رہ گزار تھا

موجِ سرابِ دشتِ وفا کا نہ پوچھ حال
ہر ذرّہ مثلِ جوہرِ تیغ، آب دار تھا

کم جانتے تھے ہم بھی غمِ عشق کو، پر اَب
دیکھا تو کم ہُوئے پہ غمِ روزگار تھا

بسکہ دشوار ہے ہر کام کا آساں ہونا
آدمی کو بھی مُیسّر نہیں اِنساں ہونا

گریہ چاہے ہے خرابی مرے کاشانے کی
در و دیوار سے ٹپکے ہے بیاباں ہونا

وائے دیوانگیٔ شوق کہ ہر دم مجھ کو
آپ جانا اُدھر اور آپ ہی حیراں ہونا

جلوہ از بسکہ تقاضائے نِگہ کرتا ہے
جوہرِ آئنہ بھی چاہے ہے مژگاں ہونا

عشرتِ قتل گہِ اہلِ تمنّا مت پُوچھ
عیدِ نظّارہ ہے شمشیر کا عُریاں ہونا

لے گئے خاک میں ہم داغِ تمنّائے نشاط
تُو ہو اور آپ بہ صد رنگ گلستاں ہونا

عشرتِ پارۂ دل، زخمِ تمنّا کھانا
لذّتِ ریشِ جگر، غرقِ نمکداں ہونا

کی مرے قتل کے بعد اُس نے جفا سے توبہ
ہائے اُس زُود پشیماں کا پشیماں ہونا

حیف اُس چار گرہ کپڑے کی قسمت غالبؔ
جس کی قسمت میں ہو عاشق کا گریباں ہونا

شب خُمارِ شوقِ ساقی رستخیز اندازہ تھا
تا مُحیطِ بادہ صُورت خانۂ خمیازہ تھا

یک قدم وحشت سے درسِ دفترِ امکاں کُھلا
جادہ، اجزائے دو عالَم دشت کا شیرازہ تھا

مانعِ وحشت خرامیہائے لیلیٰ کون ہے

خانۂ مجنونِ صحرا گرد بے دروازہ تھا

پُوچھ مت رُسوائیٔ اندازِ استغنائے حُسن

دست مرہُونِ حنا، رخسار رہنِ غازہ تھا

نالۂ دِل نے دِیے اوراقِ لختِ دِل بہ باد

یادگارِ نالہ اِک دیوانِ بے شیرازہ تھا

دوست غمخواری میں میری سعی فرمائیں گے کیا

زخم کے بھرنے تلک ناخُن نہ بڑھ آئیں گے کیا؟

بے نیازی حد سے گزُری بندہ پرور، کب تلک

ہم کہیں گے حالِ دل اور آپ فرمائیں گے، کیا؟

حضرتِ ناصح گر آئیں، دیدہ و دِل فرشِ راہ

کوئی مجھ کو یہ تو سمجھا دو کہ سمجھائیں گے کیا؟

آج واں تیغ و کفن باندھے ہُوئے جاتا ہُوں میں

عُذر میرے قتل کرنے میں وہ اب لائیں گے کیا؟

گر کیا ناصح نے ہم کو قید ، اچھا یُوں سہی
یہ جُنونِ عشق کے انداز چھُٹ جائیں گے کیا؟
خانہ زادِ زُلف ہیں ، زنجیر سے بھاگیں گے کیوں
ہیں گرفتارِ وفا ، زنداں سے گھبرائیں گے کیا؟
ہے اب اِس معمُورے میں قحطِ غمِ اُلفت اسدؔ
ہم نے یہ مانا کہ دِلّی میں رہیں، کھائیں گے کیا؟

یہ نہ تھی ہماری قسمت کہ وِصالِ یار ہوتا
اگر اور جیتے رہتے یہی اِنتظار ہوتا
ترے وعدے پر جیے ہم، تو یہ جان، جھُوٹ جانا
کہ خوشی سے مر نہ جاتے اگر اِعتبار ہوتا
تری نازُکی سے جانا کہ بندھا تھا عہد بودا
کبھی تُو نہ توڑ سکتا، اگر اُستوار ہوتا
کوئی میرے دِل سے پوچھے، ترے تیرِ نیم کش کو
یہ خلِش کہاں سے ہوتی جو جگر کے پار ہوتا

یہ کہاں کی دوستی ہے کہ بنے ہیں دوست ناصح
کوئی چارہ ساز ہوتا، کوئی غم گُسار ہوتا

رگِ سنگ سے ٹپکتا وہ لہُو کہ پھر نہ تھمتا
جسے غم سمجھ رہے ہو یہ اگر شرار ہوتا

غم اگرچہ جاں گُسل ہے، پہ بچیں کہاں کہ دل ہے
غمِ عشق اگر نہ ہوتا، غمِ روزگار ہوتا

کہوں کس سے میں کہ کیا ہے شبِ غم بُری بلا ہے
مجھے کیا بُرا تھا مرنا، اگر ایک بار ہوتا

ہُوئے مر کے ہم جو رسوا، ہُوئے کیوں نہ غرقِ دریا
نہ کبھی جنازہ اُٹھتا، نہ کہیں مزار ہوتا

اُسے کون دیکھ سکتا کہ یگانہ ہے وہ یکتا
جو دُوئی کی بُو بھی ہوتی تو کہیں دوچار ہوتا

یہ مسائلِ تصوّف، یہ ترا بیان غالبؔ
تجھے ہم ولی سمجھتے جو نہ بادہ خوار ہوتا

ہوس کو ہے نشاطِ کار کیا کیا
نہ ہو مرنا تو جینے کا مزا کیا

تجاہُل پیشگی سے مُدّعا کیا
کہاں تک اے سراپا ناز "کیا، کیا"؟

نوازش ہائے بیجا دیکھتا ہُوں
شکایت ہائے رنگیں کا گِلا کیا

نگاہِ بے مُحابا چاہتا ہُوں
تغافُل ہائے تمکیں آزما کیا

فروغِ شعلۂ خس یک نفَس ہے
ہوس کو پاسِ ناموسِ وفا کیا

نفَس موجِ مُحیطِ بیخودی ہے
تغافُل ہائے ساقی کا گِلا کیا

دماغِ عطرِ پیراہن نہیں ہے
غمِ آوارگی ہائے صبا کیا

دِلِ ہر قطرہ ہے سازِ "اَنَا البحر"
ہم اُس کے ہیں، ہمارا پُوچھنا کیا

مُحابا کیا ہے، میں ضامن، اِدھر دیکھ
شہیدانِ نگہ کا خوں بہا کیا

سُن اے غارت گرِ جنسِ وفا، سُن
شکستِ شیشۂ دِل کی صدا کیا

کیا کس نے جگرداری کا دعویٰ؟
شکیبِ خاطرِ عاشق بھلا کیا

یہ قاتل وعدۂ صبر آزما کیوں؟
یہ کافر فتنۂ طاقت رُبا کیا

بلائے جاں ہے غالبؔ اُس کی ہر بات
عبارت کیا، اِشارت کیا، ادا کیا

درخورِ قہر و غضب جب کوئی ہم سا نہ ہُوا
پھر غلط کیا ہے کہ ہم سا کوئی پیدا نہ ہُوا

بندگی میں بھی وہ آزادہ و خودبیں ہیں، کہ ہم
اُلٹے پھر آئے درِ کعبہ اگر وا نہ ہُوا

سب کو مقبول ہے دعویٰ تری یکتائی کا
رُوبرُو کوئی بتِ آئنہ سیما نہ ہُوا

کم نہیں نازشِ ہمنامیٔ چشمِ خُوباں
تیرا بیمار، بُرا کیا ہے، گر اچّھا نہ ہُوا

سینے کا داغ ہے وُہ نالہ کہ لب تک نہ گیا
خاک کا رِزق ہے وہ قطرہ کہ دریا نہ ہُوا

نام کا میرے ہے جو دُکھ کہ کسی کو نہ مِلا
کام میں میرے ہے جو فِتنہ کہ برپا نہ ہُوا

ہر بُنِ مُو سے دمِ ذکر نہ ٹپکے خُوں ناب
حمزہ کا قصہ ہُوا، عشق کا چرچا نہ ہُوا

قطرے میں دجلہ دکھائی نہ دے اور جُزو میں کُل
کھیل لڑکوں کا ہُوا، دیدۂ بِینا نہ ہُوا

تھی خبر گرم کہ غالب کے اُڑیں گے پُرزے
دیکھنے ہم بھی گئے تھے پہ تماشا نہ ہُوا

اسدؔ ہم وُہ جُنُوں جولاں گدائے بے سر و پا ہیں
کہ ہے سر پنجۂ مژگانِ آہُو پُشت خار اپنا

پئے نذرِ کرم تحفہ ہے شرمِ نارسائی کا
بہ خوں غلتیدۂ صد رنگ دعویٰ پارسائی کا

نہ ہو حُسنِ تماشا دوست رُسوا بے وفائی کا
بہ مُہرِ صد نظر ثابت ہے دعویٰ پارسائی کا

زکاتِ حُسن دے، اے جلوۂ بینش، کہ مہر آسا
چراغِ خانۂ درویش ہو کاسہ گدائی کا

نہ مارا جان کر بے جُرم، غافل[1]! تیری گردن پر
رہا مانندِ خُونِ بے گُنہ حق آشنائی کا

تمنّائے زباں محوِ سپاسِ بے زبانی ہے
مِٹا جس سے تقاضا شکوۂ بے دست و پائی کا

وُہی اِک بات ہے جو یاں نفَس واں نکہتِ گُل ہے
چمن کا جلوہ باعث ہے مِری رنگیں نوائی کا

دہانِ ہر بُتِ پیغارہ جُو زنجیرِ رُسوائی
عدم تک بے وفا چرچا ہے تیری بے وفائی کا

نہ دے نامے کو اِتنا طُول غالب، مُختصر لکھ دے
کہ حسرت سنج ہُوں عرضِ ستم ہائے جُدائی کا

[1] قاتل (نُسخۂ حسرت و نُسخۂ مہر)

گر نہ اندوہِ شبِ فرقت بیاں ہو جائے گا
بے تکلّف ، داغِ مہ مُہرِ دہاں ہو جائے گا

زُہرہ گر ایسا ہی شامِ ہجر میں ہوتا ہے آب
پرتوِ مہتاب سیلِ خانماں ہو جائے گا

لے تو لُوں سوتے میں اُس کے پاؤں کا بوسہ مگر
ایسی باتوں سے وہ کافر بدگماں ہو جائے گا

دِل کو ہم صرفِ وفا سمجھے تھے ، کیا معلُوم تھا
یعنی یہ پہلے ہی نذرِ امتحاں ہو جائے گا

سب کے دِل میں ہے جگہ تیری ، جو تُو راضی ہُوا
مُجھ پہ گویا اِک زمانہ مہرباں ہو جائے گا

گر نگاہِ گرم فرماتی رہی تعلیمِ ضبط
شُعلہ خس میں ، جیسے خُوں رگ میں نہاں ہو جائے گا

باغ میں مُجھ کو نہ لے جا ورنہ میرے حال پر
ہر گُلِ تر ایک چشمِ خُوں فشاں ہو جائے گا

وائے گر میرا ترا انصاف محشر میں نہ ہو
اب تلک تو یہ توقّع ہے کہ واں ہو جائے گا

فائدہ کیا، سوچ، آخر تُو بھی دانا ہے اسدؔ
دوستی ناداں کی ہے جی کا زیاں ہو جائے گا

دردِ منّت کشِ دوا نہ ہُوا
میں نہ اچھّا ہُوا، بُرا نہ ہُوا

جمع کرتے ہو کیوں رقیبوں کو؟
اک تماشا ہُوا، گِلا نہ ہُوا

ہم کہاں قسمت آزمانے جائیں
تُو ہی جب خنجر آزما نہ ہُوا

کتنے شیریں ہیں تیرے لب کہ رقیب
گالیاں کھا کے بے مزا نہ ہُوا

ہے خبر گرم اُن کے آنے کی
آج ہی گھر میں بوریا نہ ہُوا

کیا وہ نمرُود کی خُدائی تھی؟
بندگی میں مِرا بھلا نہ ہُوا

جان دی، دی ہُوئی اُسی کی تھی
حق تو یُوں[1] ہے کہ حق ادا نہ ہُوا

زخم گر دَب گیا، لہُو نہ تھما
کام گر رُک گیا، روا نہ ہُوا

رہ زنی ہے کہ دِل ستانی ہے
لے کے دِل، دِلستاں روا نہ ہُوا

کچھ تو پڑھیے کہ لوگ کہتے ہیں
آج غالبؔ غزل سَرا نہ ہُوا

گلہ ہے شوق کو دل میں بھی تنگیٔ جا کا
گہَر میں محو ہُوا اِضطراب دریا کا

یہ جانتا ہُوں کہ تُو اور پاسُخِ مکتُوب!
مگر ستم زدہ ہُوں ذوقِ خامہ فرسا کا

[1] یہ (نسخۂ حسرت موہانی)

حنائے پائے خزاں ہے بہار اگر ہے یہی
دوامِ کلفتِ خاطر ہے عیشِ دُنیا کا

غمِ فراق میں تکلیفِ سیرِ باغ نہ دو
مجھے دماغ نہیں خندہ ہائے بے جا کا

ہنوز محرمیٔ حُسن کو ترستا ہوں
کرے ہے ہر بُنِ مُو، کام چشمِ بینا کا

دل اُس کو، پہلے ہی ناز و ادا سے، دے بیٹھے
ہمیں دماغ کہاں حُسن کے تقاضا کا

نہ کہہ کہ گریہ بہ مقدارِ حسرتِ دل ہے
مری نگاہ میں ہے جمع و خرچ[1] دریا کا

فلک کو دیکھ کے کرتا ہوں اُس کو یاد اسد
جفا میں اِس کی ہے اندازِ کار فرما کا

قطرۂ مے بسکہ حیرت سے نفس پرور ہُوا
خطِّ جامِ مے سراسر، رشتۂ گوہر ہُوا

اعتبارِ عشق کی خانہ خرابی دیکھنا
غیر نے کی آہ، لیکن وہ خفا مجھ پر ہُوا

[1] خرچ

جب بہ تقریبِ سفر یار نے محمل باندھا
تپشِ شوق نے ہر ذرّے پہ اِک دِل باندھا
اہلِ بینش نے بہ حیرت کدۂ شوخئ ناز
جوہرِ آئنہ کو طُوطئ بِسمِل باندھا
یاس و اُمّید نے یک عربَدہ میداں مانگا
عجزِ ہمّت نے طِلسمِ دِلِ سائل باندھا
نہ بندھے تشنگئ ذوق کے مضموں، غالب
گرچہ دل کھول کے دریا کو بھی ساحل باندھا

میں اور بزمِ مے سے یُوں تَشنہ کام آؤں
گر میں نے کی تھی توبہ، ساقی کو کیا ہُوا تھا
ہے ایک تیر جس میں دونوں چھِدے پڑے ہیں
وہ دِن گئے کہ اپنا دِل سے جگر جُدا تھا
درماندگی میں غالب کچھ بن پڑے تو جانوں
جب رِشتہ بے گِرہ تھا، ناخن گِرہ کُشا تھا

گھر ہمارا جو نہ روتے بھی تو ویراں ہوتا

بحرگر بحر نہ ہوتا تو بیاباں ہوتا

تنگئ دل کا گلہ کیا یہ وہ کافر دل ہے

کہ اگر تنگ نہ ہوتا تو پریشاں ہوتا

بعدِ یک عُمرِ وَرَع بار تو دیتا بارے

کاش رِضواں ہی درِ یار کا درباں ہوتا

نہ تھا کچھ تو خدا تھا، کچھ نہ ہوتا تو خدا ہوتا

ڈُبویا مجھ کو ہونے نے، نہ ہوتا میں تو کیا ہوتا

ہُوا جب غم سے یوں بے حس تو غم کیا سر کے کٹنے کا

نہ ہوتا گر جُدا تن سے تو زانو پر دھرا ہوتا

ہُوئی مُدّت کہ غالب مر گیا، پر یاد آتا ہے

وہ ہر اِک بات پر کہنا کہ یوں ہوتا تو کیا ہوتا

یک ذرّۂ زمیں نہیں بیکار باغ کا
یاں جادہ بھی فتیلہ ہے لالے کے داغ کا

بے مَے کِسے ہے طاقتِ آشوبِ آگہی
کھینچا ہے عجزِ حوصلہ نے خطِ ایاغ کا

بُلبُل کے کاروبار پہ ہیں خندہ ہائے گُل
کہتے ہیں جس کو عشق، خلل ہے دماغ کا

تازہ نہیں ہے نشّۂ فکرِ سُخن مجھے
تریاکئِ قدیم ہوں دُودِ چراغ کا

سَو بار بندِ عشق سے آزاد ہم ہُوئے
پر کیا کریں کہ دِل ہی عدو ہے فراغ کا

بے خُونِ دل ہے چشم میں موجِ نگہ غُبار
یہ مَے کدہ خراب ہے مَے کے سُراغ کا

باغِ شُگفتہ تیرا بساطِ نشاطِ دل
ابرِ بہار خُمکدہ کِس کے دماغ کا

وُہ مری چینِ جبیں سے غمِ پنہاں سمجھا
راز مکتوب بہ بے ربطیٔ عنواں سمجھا

یک الف بیش نہیں صیقلِ آئینہ ہنوز
چاک کرتا ہُوں میں جب سے کہ گریباں سمجھا

شرحِ اسبابِ گرفتاریٔ خاطر مت پُوچھ
اِس قدر تنگ ہُوا دِل کہ میں زنداں سمجھا

بدگمانی نے نہ چاہا اُسے سرگرمِ خرام
رُخ پہ ہر قطرہ عرق دیدۂ حیراں سمجھا

عجز سے اپنے یہ جانا کہ وہ بدخُو ہوگا
نبضِ خس سے تپشِ شُعلۂ سوزاں سمجھا

سفرِ عشق میں کی ضُعف نے راحت طلبی
ہر قدم سائے کو میں اپنے شبستاں سمجھا

تھا گُریزاں مژۂ یار سے دِل تا دمِ مرگ
دفعِ پیکانِ قضا اس قدر آساں سمجھا

دِل دِیا جان کے کیوں اُس کو وفادار، اسدؔ
غلطی کی کہ جو کافر کو مُسلماں سمجھا

پھر مجھے دیدۂ تر یاد آیا
دِل، جگر تشنۂ فریاد آیا

دم لیا تھا نہ قیامت نے ہنوز
پھر ترا وقتِ سفر یاد آیا

سادگی ہائے تمنّا، یعنی
پھر وہ نیرنگِ نظر یاد آیا

عُذرِ واماندگی، اے حسرتِ دل!
نالہ کرتا تھا، جگر یاد آیا

زندگی یُوں بھی گزر ہی جاتی
کیوں ترا راہ گزر یاد آیا

کیا ہی رضواں سے لڑائی ہوگی
گھر ترا خُلد میں گر یاد آیا

آہ وہ جُرأتِ فریاد کہاں
دل سے تنگ آکے جگر یاد آیا

پھر ترے کوچے کو جاتا ہے خیال
دلِ گم گشتہ، مگر، یاد آیا
کوئی وِیرانی سی وِیرانی ہے!
دشت کو دیکھ کے گھر یاد آیا
میں نے مجنوں پہ لڑکپن میں اسدؔ
سنگ اُٹھایا تھا کہ سر یاد آیا

ہُوئی تاخیر تو کچھ باعثِ تاخیر بھی تھا
آپ آتے تھے، مگر کوئی عناں گیر بھی تھا
تم سے بے جا ہے مجھے اپنی تباہی کا گلہ
اس میں کچھ شائبۂ خُوبیٔ تقدیر بھی تھا
تو مجھے بھُول گیا ہو تو پتا بتلا دوں؟
کبھی فتراک میں تیرے کوئی نخچیر بھی تھا
قید میں ہے ترے وحشی کو وہی زُلف کی یاد
ہاں کچھ اک رنجِ گرانباریٔ زنجیر بھی تھا

بجلی اِک کَوند گئی آنکھوں کے آگے تو کیا!
بات کرتے کہ میں لب تشنۂ تقریر بھی تھا

یُوسُف اُس کو کہُوں اور کچھ نہ کہے، خیر ہُوئی
گر بگڑ بیٹھے تو میں لائقِ تعزیر بھی تھا

دیکھ کر غیر کو ہو کیوں نہ کلیجا ٹھنڈا
نالہ کرتا تھا، ولے طالبِ تاثیر بھی تھا

پیشے میں عیب نہیں، رکھیے نہ فرہاد کو نام
ہم ہی آشُفتہ سَروں میں وہ جواں میر بھی تھا

ہم تھے مرنے کو کھڑے، پاس نہ آیا، نہ سہی
آخر اُس شوق کے ترکش میں کوئی تیر بھی تھا؟

پکڑے جاتے ہیں فرشتوں کے لکھے پر ناحق
آدمی کوئی ہمارا دمِ تحریر بھی تھا؟

ریختے کے تمھیں[1] اُستاد نہیں ہو غالبؔ
کہتے ہیں اگلے زمانے میں کوئی مِیرؔ بھی تھا

[1] تمُھی

لبِ خشک در تشنگی مُردگاں کا
زیارت کدہ ہوں دلِ آزردگاں کا
ہمہ نا اُمیدی، ہمہ بدگُمانی
میں دل ہُوں فریبِ وفاخوردگاں کا

تُو دوست کسی کا بھی، ستمگر! نہ ہُوا تھا
اوروں پہ ہے وہ ظلم کہ مجھ پر نہ ہُوا تھا
چھوڑا مہِ نخشب کی طرح دستِ قضا نے
خورشید ہنوز اُس کے برابر نہ ہُوا تھا
توفیق بہ اندازۂ ہمّت ہے ازل سے
آنکھوں میں ہے وہ قطرہ کہ گوہر نہ ہُوا تھا
جب تک کہ نہ دیکھا تھا قدِ یار کا عالَم
میں مُعتقدِ فتنۂ محشر نہ ہُوا تھا
میں سادہ دل، آزردگئ یار سے خُوش ہُوں
یعنی سَبقِ شوق مُکرّر نہ ہُوا تھا

دریائے معاصی تُنک آبی سے ہُوا خشک
میرا سرِ دامن بھی ابھی تر نہ ہُوا تھا

جاری تھی اسدؔ داغِ جگر سے مری تحصیل
آتشکدہ جاگیرِ سمندر نہ ہُوا تھا

شب کہ وہ مجلس فروزِ خلوتِ ناموس تھا
رشتۂ ہر شمع خارِ کسوتِ فانوس تھا

مشہدِ عاشق سے کوسوں تک جو اُگتی ہے حنا
کس قدر یارب ہلاکِ حسرتِ پابوس تھا

حاصلِ اُلفت نہ دیکھا جز شکستِ آرزُو
دل بہ دل پیوستہ، گویا، یک لبِ افسوس تھا

کیا کروں بیماریٔ غم کی فراغت کا بیاں
جو کہ کھایا خُونِ دل، بے منّتِ کیموس تھا

آئینہ دیکھ اپنا سا مُنھ لے کے رہ گئے
صاحب کو دل نہ دینے پہ کتنا غُرور تھا
قاصد کی اپنے ہاتھ سے گردن نہ ماریے
اُس کی خطا نہیں ہے یہ میرا قصُور تھا

عرضِ نیازِ عشق کے قابل نہیں رہا
جس دِل پہ ناز تھا مجُھے، وُہ دِل نہیں رہا
جاتا ہُوں داغِ حسرتِ ہستی لیے ہُوئے
ہُوں شمعِ کُشتہ، در خورِ محفل نہیں رہا
مرنے کی اے دِل اور ہی تدبیر کر کہ میں
شایانِ دست و بازوئے قاتل نہیں رہا
بر رُوئے شش جہت درِ آئینہ باز ہے
یاں امتیازِ ناقص و کامل نہیں رہا

وا کر دیے ہیں شوق نے بندِ نقابِ حُسن
غیر از نگاہ اب کوئی حائل نہیں رہا

گو میں رہا رہینِ ستم ہائے روزگار
لیکن ترے خیال سے غافل نہیں رہا

دل سے ہوائے کشتِ وفا مِٹ گئی کہ واں
حاصل سوائے حسرتِ حاصل نہیں رہا

بیدادِ عشق سے نہیں ڈرتا، مگر اسدؔ
جس دِل پہ ناز تھا مجھے، وہ دِل نہیں رہا

رشک کہتا ہے کہ اُس کا غیر سے اِخلاص حیف
عقل کہتی ہے کہ وہ بے مِہر کس کا آشنا

ذرّہ ذرّہ ساغرِ مے خانۂ نیرنگ ہے
گردشِ مجنوُں بہ چشمک ہائے لیلیٰ آشنا

شوق ہے ساماں طرازِ نازشِ اربابِ عجز
ذرّہ، صحرا دستگاہ و قطرہ، دریا آشنا

میں اور اِک آفت کا ٹکڑا، وہ دلِ وحشی کہ ہے
عافیت کا دشمن اور آوارگی کا آشنا

شکوہ سنجِ رشکِ ہمدیگر نہ رہنا چاہیے
میرا زانو مونس اور آئینہ تیرا آشنا

کوہکن نقّاشِ یک تمثالِ شیریں تھا، اسدؔ
سنگ سے سر مار کر ہووے نہ پیدا آشنا

ذکر اُس پری وش کا، اور پھر بیاں اپنا
بن گیا رقیب آخر، تھا جو رازداں اپنا

مَے وہ کیوں بہت پیتے بزمِ غیر میں یارب
آج ہی ہُوا منظور اُن کو اِمتحاں اپنا؟

منظر اِک بلندی پر اور ہم بنا سکتے
عرش سے اُدھر ہوتا، کاش کہ مکاں اپنا

دے وہ جس قدر ذِلّت ہم ہنسی میں ٹالیں گے
بارے آشنا نکلا، اُن کا پاسباں اپنا

دردِ دل لکھوں کب تک، جاؤں اُن کو دکھلا دوں
اُنگلیاں فگار اپنی، خامہ خوں چکاں اپنا

گھستے گھستے مٹ جاتا، آپ نے عبث بدلا
ننگِ سجدہ سے میرے، سنگِ آستاں اپنا

تا کرے نہ غمّازی، کر لیا ہے دشمن کو
دوست کی شکایت میں ہم نے ہمزباں اپنا

ہم کہاں کے دانا تھے، کس ہُنر میں یکتا تھے
بے سبب ہُوا غالبؔ دشمن آسماں اپنا

سُرمۂ مُفتِ نظر ہُوں، مِری قیمت یہ ہے
کہ رہے چشمِ خریدار پہ اِحساں میرا

رُخصتِ نالہ مجھے دے کہ مَبادا ظالم
تیرے چہرے سے ہو ظاہر غمِ پنہاں میرا

غافل بہ وہمِ ناز خُود آرا ہے ورنہ یاں
بے شانۂ صبا نہیں طُرّہ گیاہ کا

بزمِ قدح سے عیشِ تمنّا نہ رکھ، کہ رنگ
صیدِ ز دام جستہ ہے اِس دامگاہ کا

رحمت اگر قبُول کرے، کیا بعید ہے
شرمندگی سے عُذر نہ کرنا گناہ کا

مقتل کو کِس نشاط سے جاتا ہُوں میں، کہ ہے
پُر گُل خیالِ زخم سے دامن نگاہ کا

جاں دَر ہَوائے یک نگہِ گرم ہے اسدؔ
پروانہ ہے وکیل ترے داد خواہ کا

جَور سے باز آئے، پر باز آئیں کیا
کہتے ہیں ہم تجُھ کو مُنھ دِکھلائیں کیا

رات دِن گردش میں ہیں سات آسماں
ہو رہے گا کُچھ نہ کُچھ ، گھبرائیں کیا
لاگ ہو تو اُس کو ہم سمجھیں لگاؤ
جب نہ ہو کچھ بھی تو دھوکا کھائیں کیا
ہو لیے کیوں نامہ بر کے ساتھ ساتھ
یارب اپنے خط کو ہم پہنچائیں کیا؟
موجِ خُوں سر سے گُزر ہی کیوں نہ جائے
آستانِ یار سے اُٹھ جائیں کیا؟
عُمر بھر دیکھا کیے مرنے کی راہ
مر گئے پر، دیکھیے دِکھلائیں کیا
پُوچھتے ہیں وہ کہ غالب کون ہے
کوئی بتلاؤ کہ ہم بتلائیں کیا

لطافت بے کثافت جلوہ پیدا کر نہیں سکتی
چمن زنگار ہے آئینۂ بادِ بہاری کا
حریفِ جوششِ دریا نہیں خُودداریٔ ساحل
جہاں ساقی ہو تُو، باطل ہے دعویٰ ہوشیاری کا

عشرتِ قطرہ ہے دریا میں فنا ہو جانا
درد کا حد سے گزرنا ہے دوا ہو جانا
تجھ سے قسمت میں مری صُورتِ قُفلِ ابجد
تھا لکھا بات کے بنتے ہی جُدا ہو جانا
دِل ہُوا کشمکشِ چارۂ زحمت میں تمام
مِٹ گیا گھِسنے میں اِس عُقدے کا وا ہو جانا
اب جفا سے بھی ہیں محرُوم ہم اللہ اللہ
اِس قدر دشمنِ اربابِ وفا ہو جانا

ضعف سے گریہ مُبدّل بہ دمِ سرد ہُوا
باور آیا ہمیں پانی کا ہَوا ہو جانا

دل سے مٹنا تری انگشتِ حنائی کا خیال
ہو گیا گوشت سے ناخُن کا جُدا ہو جانا

ہے مجھے ابرِ بہاری کا برس کر کھُلنا
روتے روتے غمِ فُرقت میں فنا ہو جانا

گر نہیں نکہتِ گُل کو ترے کُوچے کی ہَوس
کیوں ہے گردِ رہِ جولانِ صبا ہو جانا

تا کہ تجھ پر کھُلے اعجازِ ہوائے صیقل
دیکھ برسات میں سبز آئنے کا ہو جانا

بخشے ہے جلوۂ گُل، ذوقِ تماشا غالبؔ
چشم کو چاہیے ہر رنگ میں وا ہو جانا

(ب)

پھر ہُوا وقت کہ ہو بال کُشا موجِ شراب
دے بطِ مے کو دل و دستِ شنا موجِ شراب

پُوچھ مت وجہِ سیہ مستیٔ اربابِ چمن
سایۂ تاک میں ہوتی ہے ہَوا موجِ شراب

جو ہُوا غرقۂ مے بختِ رَسا رکھتا ہے
سر سے گزرے پہ بھی ہے بالِ ہُما موجِ شراب

ہے یہ برسات وہ موسم کہ عجب کیا ہے اگر
موجِ ہستی کو کرے فیضِ ہَوا موجِ شراب

چار موج اُٹھتی ہے طُوفانِ طرب سے ہر سُو
موجِ گُل، موجِ شفق، موجِ صبا، موجِ شراب

جس قدر رُوحِ نَباتی ہے جگر تشنۂ ناز
دے ہے تسکیں بہ دمِ آبِ بقا موجِ شراب

بسکہ دوڑے ہے رگِ تاک میں خوُں ہو ہو کر
شہپرِ رنگ سے ہے بال کُشا موجِ شراب

موجۂ گُل سے چراغاں ہے گزرگاہِ خیال
ہے تصوّر میں ز بس جلوہ نُما موجِ شراب

نشّے کے پردے میں ہے محوِ تماشائے دماغ
بسکہ رکھتی ہے سرِ نشو و نُما موجِ شراب

ایک عالم پہ ہیں طُوفانیِ کیفیّتِ فصل
موجۂ سبزۂ نوخیز سے تا موجِ شراب

شرحِ ہنگامۂ ہستی ہے، زہے موسمِ گُل!
رہبرِ قطرہ بہ دریا ہے، خوشا موجِ شراب!

ہوش اُڑتے ہیں مرے، جلوۂ گُل دیکھ، اسدؔ
پھر ہُوا وقت کہ ہو بال کُشا موجِ شراب

(ت)

افسوس کہ دنداں کا کیا رِزق فلک نے
جن لوگوں کی تھی درخورِ عقدِ گُہر انگشت

کافی ہے نشانی تری، چھلّے کا نہ دینا
خالی مجھے دِکھلا کے بہ وقتِ سفر انگُشت

لکھتا ہُوں اسدؔ سوزشِ دل سے سُخنِ گرم
تا رکھ نہ سکے کوئی مِرے حرف پر انگُشت

رہا گر کوئی تا قیامت سلامت
پھر اِک روز مرنا ہے حضرت سلامت
جگر کو مِرے عشقِ خُوں نابہ مشرب
لکھے ہے: "خداوندِ نعمت سلامت

علی الرّغمِ دُشمن شہیدِ وفا ہُوں
مُبارک مُبارک سلامت سلامت"

نہیں گر سر و برگِ ادراکِ معنی
تماشائے نیرنگِ صُورت سلامت

مُند گئیں کھولتے ہی کھولتے آنکھیں غالبؔ
یار لائے مری بالیں پہ اُسے، پر کس وقت!

آمدِ خط سے ہُوا ہے سرد جو بازارِ دوست
دُودِ شمعِ کُشتہ تھا شاید خطِ رخسارِ دوست

اے دلِ ناعاقبت اندیش ضبطِ شوق کر
کون لا سکتا ہے تابِ جلوۂ دیدارِ دوست

خانہ ویراں سازئ حیرت تماشا کیجیے
صُورتِ نقشِ قدم ہُوں رفتۂ رفتارِ دوست

عشق میں بیدادِ رشکِ غیر نے مارا مجھے
کُشتۂ دشمن ہُوں آخر، گرچہ تھا بیمارِ دوست

چشمِ ما روشن کہ اُس بے درد کا دِل شاد ہے
دیدۂ پُرخُوں ہمارا، ساغرِ سرشارِ دوست

(ق)
غیر یُوں کرتا ہے میری پرسش اُس کے ہجر میں
بے تکلُّف دوست ہو جیسے کوئی غم خوارِ دوست

تاکہ میں جانوں کہ ہے اس کی رسائی واں تلک
مُجھ کو دیتا ہے پیامِ وعدۂ دیدارِ دوست

جب کہ میں کرتا ہُوں اپنا شکوۂ ضعفِ دماغ
سر کرے ہے وُہ حدیثِ زلفِ عنبر بارِ دوست

چُپکے چُپکے مجھ کو روتے دیکھ پاتا ہے اگر
ہنس کے کرتا ہے بیانِ شوخیٔ گفتارِ دوست

مہربانی ہائے دشمن کی شکایت کیجیے
یا بیاں کیجے سپاسِ لذّتِ آزارِ دوست؟

یہ غزل اپنی، مجھے جی سے پسند آئی ہے آپ
ہے ردیفِ شعر میں غالب زبس تکرارِ دوست

(ج)

گُلشن میں بند وبست بہ رنگِ دِگر ہے آج
قُمری کا طوق حلقۂ بیرونِ در ہے آج

آتا ہے ایک پارۂ دِل ہر فغاں کے ساتھ
تارِ نفَس کمندِ شکارِ اثر ہے آج

اے عافیت کنارہ کر، اے اِنتظام چل
سیلابِ گریہ درپئے دیوار و دَر ہے آج

لو ہم مریضِ عشق کے تیمار دار ہیں
اچھّا اگر نہ ہو تو مسیحا کا کیا علاج!

(چ)

نفس نہ انجمنِ آرزو سے باہر کھینچ
اگر شراب نہیں، انتظارِ ساغر کھینچ

کمالِ گرمیٔ سعیِ تلاشِ دید نہ پُوچھ
بہ رنگِ خار مرے آئنے سے جوہر کھینچ

تجھے بہانۂ راحت ہے انتظار اے دِل
کیا ہے کِس نے اشارہ کہ نازِ بستر کھینچ

تری طرف ہے، بہ حسرت، نظارۂ نرگس
بہ کوریٔ دِل و چشمِ رقیب ساغر کھینچ

بہ نیم غمزہ ادا کر حقِ ودیعتِ ناز
نیامِ پردۂ زخمِ جگر سے خنجر کھینچ

مرے قدح میں ہے صہبائے آتشِ پنہاں
بہ رُوئے سفرہ کبابِ دِلِ سمندر کھینچ

(د)

حُسن غمزے کی کشاکش سے چُھٹا میرے بعد
بارے، آرام سے ہیں اہلِ جفا میرے بعد

منصبِ شیفتگی کے کوئی قابل نہ رہا
ہُوئی معزولیٔ انداز و ادا میرے بعد

شمع بُجھتی ہے تو اُس میں سے دُھواں اُٹھتا ہے
شعلۂ عشق سیہ پوش ہُوا میرے بعد

خُوں ہے دِل خاک میں احوالِ بُتاں پر، یعنی
اُن کے ناخُن ہُوئے محتاجِ حنا میرے بعد

درخورِ عرض نہیں جوہرِ بیداد کو جا
نگہِ ناز ہے سُرمے سے خفا میرے بعد

ہے جُنوں اہلِ جُنوں کے لیے آغوشِ وداع
چاک ہوتا ہے گریباں سے جُدا میرے بعد

کون ہوتا ہے حریفِ مئے مرد افگنِ عشق
ہے مُکرّر لبِ ساقی پہ صَلا میرے بعد

غم سے مرتا ہوں کہ اِتنا نہیں دُنیا میں کوئی
کہ کرے تعزیتِ مہر و وفا میرے بعد
آئے ہے بیکسیٔ عشق پہ رونا غالبؔ
کِس کے گھر جائے گا سیلابِ بلا میرے بعد

(ر)

بلا سے، ہیں جو یہ پیشِ نظر دَر و دِیوار
نگاہِ شوق کو ہیں بال و پَر دَر و دِیوار
وُفورِ اشک نے کاشانے کا کِیا یہ رنگ
کہ ہو گئے مِرے دِیوار و دَر، دَر و دِیوار
نہیں ہے سایہ کہ سُن کر نویدِ مَقدَمِ یار
گئے ہیں چند قدم پیشتر دَر و دِیوار
ہُوئی ہے کس قدر ارزانیٔ مۓ جلوہ
کہ مست ہے ترے کوچے میں ہر دَر و دِیوار
جو ہے تجھے سرِ سودائے اِنتظار، تو آ
کہ ہیں دُکانِ متاعِ نظر دَر و دِیوار

ہجومِ گریہ کا سامان کب کیا مَیں نے

کہ گر پڑے نہ مِرے پاؤں پر دَر و دِیوار

وہ آ رہا مِرے ہمسائے میں، تو سائے سے

ہُوئے فِدا دَر و دِیوار پر دَر و دِیوار

نظر میں کھٹکے ہے بِن تیرے، گھر کی آبادی

ہمیشہ روتے ہیں ہم دیکھ کر دَر و دِیوار

نہ پُوچھ بے خُودیٔ عیشِ مقدمِ سیلاب

کہ ناچتے ہیں پڑے، سر بسر، دَر و دِیوار

نہ کہہ کسی سے، کہ غالبؔ نہیں زمانے میں

حریفِ رازِ محبّت، مگر دَر و دِیوار

گھر جب بنا لیا ترے دَر پر کہے بغیر

جانے گا اب بھی تُو نہ مِرا گھر، کہے بغیر؟

کہتے ہیں، جب رہی نہ مجھے طاقتِ سُخن

جانوں کسی کے دِل کی مَیں کیوں کر کہے بغیر؟

کام اُس سے آ پڑا ہے کہ جس کا جہان میں
لیوے نہ کوئی نام سِتمگر کہے بغیر

جی میں ہی کچھ نہیں ہے ہمارے، وگرنہ ہم
سر جائے یا رہے، نہ رہیں پر کہے بغیر

چھوڑوں گا میں نہ اُس بُتِ کافر کا پُوجنا
چھوڑے نہ خلق گو مجھے کافَر کہے بغیر

مقصد ہے ناز و غمزہ، وَلے گفتگو میں کام
چلتا نہیں ہے دشنہ و خنجر کہے بغیر

ہر چند ہو مُشاہدۂ حق کی گُفتگُو
بنتی نہیں ہے بادہ و ساغَر کہے بغیر

بہرا ہُوں مَیں تو چاہیے دُونا ہو اِلتفات
سُنتا نہیں ہُوں بات مکرّر کہے بغیر

غالب نہ کر حضُور میں تُو بار بار عرض
ظاہر ہے تیرا حال سب اُن پر کہے بغیر

کیوں جل گیا نہ تابِ رُخِ یار دیکھ کر

جلتا ہُوں اپنی طاقتِ دیدار دیکھ کر

آتش پرست کہتے ہیں اہلِ جہاں مُجھے

سرگرمِ نالہ ہائے شرر بار دیکھ کر

کیا آبروئے عشق جہاں عام ہو جفا

رُکتا ہُوں، تُم کو بے سبب آزار دیکھ کر

آتا ہے میرے قتل کو، پَر جوشِ رشک سے

مرتا ہُوں اُس کے ہاتھ میں تلوار دیکھ کر

ثابت ہُوا ہے گردنِ مینا پہ خُونِ خلق

لرزے ہے موج مے تری رفتار دیکھ کر

واحسرتا کہ یار نے کھینچا ستم سے ہاتھ

ہم کو حریصِ لذّتِ آزار دیکھ کر

بِک جاتے ہیں ہم آپ متاعِ سُخن کے ساتھ

لیکن عیارِ طبع خریدار دیکھ کر

زُنّار باندھ، سُبحۂ صد دانہ توڑ ڈال

رہرو چلے ہے، راہ کو ہموار دیکھ کر

اِن آبلوں سے پاؤں کے گھبرا گیا تھا مَیں
جی خوش ہُوا ہے راہ کو پُر خار دیکھ کر

کیا بدگماں ہے مُجھ سے کہ آئینے میں مِرے
طُوطی کا عکس سمجھے ہے، زنگار دیکھ کر

گرنی تھی ہم پہ برقِ تجلّی، نہ طُور پر
دیتے ہیں بادہ ظرفِ قدح خوار دیکھ کر

سر پھوڑنا وُہ غالبؔ شوریدہ حال کا
یاد آگیا مجھے تِری دیوار دیکھ کر

لرزتا ہے مرا دِل زحمتِ مہرِ درخشاں پر
مَیں ہُوں وہ قطرۂ شبنم کہ ہو خارِ بیاباں پر

نہ چھوڑی حضرتِ یُوسُف نے یاں بھی خانہ آرائی
سفیدی دیدۂ یعقُوب کی پھرتی ہے زِنداں پر

فنا تعلیمِ درسِ بے خُودی، ہُوں اُس زمانے سے
کہ مجنُوں لام الِف لکھتا تھا دیوارِ دبِستاں پر

فراغت کس قدر رہتی مجھے تشویشِ مرہم سے
بہم گر صُلح کرتے پارہ ہائے دِل نمکداں پر

نہیں اِقلیمِ اُلفت میں کوئی طُومارِ ناز ایسا
کہ پشتِ چشم سے، جس کے نہ ہووے مُہر عنواں پر

مجھے اب، دیکھ کر ابرِ شفق آلُودہ، یاد آیا
کہ فرقت میں تری، آتش برستی تھی گُلستاں پر

بجُز پروازِ شوقِ ناز کیا باقی رہا ہوگا
قیامت اِک ہوائے تُند ہے خاکِ شہیداں پر

نہ لڑ ناصح سے غالبؔ، کیا ہُوا گر اُس نے شِدّت کی
ہمارا بھی تو آخر زور چلتا ہے گریباں پر!

ہے بسکہ ہر اک اُن کے اِشارے میں نشاں اور
کرتے ہیں محبّت تو گُزرتا ہے گماں اور

یارب وہ نہ سمجھے ہیں، نہ سمجھیں گے مری بات
دے اور دل اُن کو، جو نہ دے مجھ کو زباں اور

ابرُو سے ہے کیا اُس نگہِ ناز کو پیوند
ہے تیر مقرّر مگر اِس کی ہے کماں اور

تم شہر میں ہو تو ہمیں کیا غم، جب اُٹھیں گے
لے آئیں گے بازار سے، جا کر دِل و جاں اور

ہر چند سبک دست ہُوئے بُت شِکنی میں
ہم ہیں تو ابھی راہ میں ہے سنگِ گراں اور

ہے خونِ جگر جوش میں، دِل کھول کے روتا
ہُوتے جو کئی دِیدۂ خُوں نابہ فِشاں اور

مرتا ہُوں اِس آواز پہ، ہر چند سر اُڑ جائے
جلّاد کو لیکن وُہ کہے جائیں کہ "ہاں اور"

لوگوں کو ہے خُورشیدِ جہاں تاب کا دھوکا
ہر روز دِکھاتا ہُوں مَیں اِک داغِ نہاں اور

لیتا، نہ اگر دِل تمھیں دیتا، کوئی دَم چَین
کرتا، جو نہ مرتا، کوئی دِن آہ و فغاں اور

پاتے نہیں جب راہ تو چڑھ جاتے ہیں نالے
رُکتی ہے مری طبع تو ہوتی ہے رواں اور
ہیں اور بھی دُنیا میں سُخن وَر بہت اچھّے
کہتے ہیں کہ غالبؔ کا ہے اندازِ بیاں اور

صفائے حیرتِ آئینہ ہے سامانِ زنگ آخر
تغیّرِ آبِ برجا ماندہ کا پاتا ہے رنگ آخر
نہ کی سامانِ عیش و جاہ نے تدبیر وحشت کی
ہُوا جامِ زُمُرّد بھی مجھے داغِ پلنگ آخر

جُنوں کی دستگیری کس سے ہو، گر ہو نہ عُریانی
گریباں چاک کا حق ہو گیا ہے میری گردن پر
بہ رنگِ کاغذِ آتش زدہ، نیرنگِ بیتابی
ہزار آئینہ دل باندھے ہے بالِ یک تپیدن پر

فلک سے ہم کو عیشِ رفتہ کا کیا کیا تقاضا ہے
متاعِ بُردہ کو سمجھے ہُوئے ہیں قرض رہزن پر

ہم اور وہ بے سبب رنج، آشنا دشمن، کہ رکھتا ہے
شُعاعِ مہر سے تُہمت نگہ کی، چشمِ روزن پر

فنا کو سونپ، گر مشتاق ہے اپنی حقیقت کا
فروغِ طالعِ خاشاک ہے موقوف گُلخن پر

اسدؔ بسمل ہے کس انداز کا، قاتل سے کہتا ہے:
تُو مشقِ ناز کر، خُونِ دو عالم میری گردن پر

ستم کش مصلحت سے ہُوں کہ خوباں تجھ پہ عاشق ہیں
تکلّف برطرف، مل جائے گا تجھ سا رقیب آخر

لازم تھا کہ دیکھو مرا رستا کوئی دِن اور
تنہا گئے کیوں، اب رہو تنہا کوئی دِن اور

مِٹ جائے گا سر، گر ترا پتّھر نہ گھسے گا
ہُوں دَر پہ ترے ناصیہ فرسا کوئی دن اور

آئے ہو کل، اور آج ہی کہتے ہو کہ جاؤں
مانا کہ ہمیشہ نہیں، اچّھا، کوئی دِن اور

جاتے ہُوئے کہتے ہو قیامت کو ملیں گے
کیا خُوب! قیامت کا ہے گویا کوئی دِن اور

ہاں اے فلکِ پیر، جواں تھا ابھی عارِف[1]
کیا تیرا بگڑتا جو نہ مرتا کوئی دِن اور

تم ماہِ شبِ چار دَہُم تھے مِرے گھر کے
پھر کیوں نہ رہا گھر کا وہ نقشا کوئی دِن اور

تُم کون سے تھے ایسے کھرے داد و سِتَد کے
کرتا ملکُ الموت تقاضا کوئی دِن اور

مُجھ سے تمُھیں نفرت سہی، نیّر سے لڑائی
بچّوں کا بھی دیکھا نہ تماشا کوئی دِن اور

گُزری نہ، بہ ہر حال، یہ مُدّت خوش و ناخوش
کرنا تھا جواں مرگ! گُزارا کوئی دن اور

ناداں ہو جو کہتے ہو کہ کیوں جیتے ہیں غالب
قسمت میں ہے مرنے کی تمنّا کوئی دِن اور

[1] یہ زین العابدین خان عارف کا مرثیہ ہے۔

(ز)

فارِغ مجھے نہ جان کہ مانندِ صُبح و
ہے داغِ عشق زینتِ جیبِ کفن ہنُو

ہے نازِ مُفلِساں زرِ از دست رفتہ پر
ہُوں گُل فروشِ شوخیٔ داغِ کہُن ہنُوز

مے خانۂ جگر میں یہاں خاک بھی نہیں
خمیازہ کھینچے ہے بُتِ بیداد فن ہنُوز

حریفِ مطلبِ مُشکل نہیں فسُونِ نیاز
دُعا قبُول ہو یا رب، کہ عمُرِ خضر دراز

نہ ہو، بہ ہرزہ، بیاباں نوَردِ وہمِ وُجُود
ہنُوز تیرے تصوُّر میں ہے نشیب و فراز

وصالِ جلوہ تماشا ہے، پر دماغ کہاں
کہ دیجے آئنۂ انتظار کو پرواز

ہر ایک ذرّۂ عاشق ہے آفتاب پرست
گئی نہ خاک ہوئے پر ہوائے جلوۂ ناز

نہ پوچھ وُسعتِ مے خانۂ جنوں غالبؔ
جہاں یہ کاسۂ گردوں ہے ایک خاک انداز

وُسعتِ سعیِ کرم دیکھ کہ سر تا سر خاک
گزرے ہے آبلہ پا ابرِ گہربار ہنوز

یک قلم کاغذِ آتش زدہ ہے صفحۂ دشت
نقشِ پا میں ہے تبِ گرمیٔ رفتار ہنوز

کیوں کر اُس بُت سے رکھوں جان عزیز
کیا نہیں ہے مجھے ایمان عزیز

دِل سے نِکلا، پہ نہ نِکلا دِل سے
ہے ترے تیر کا پیکان عزیز

تاب لائے ہی بنے گی غالب
واقعہ سخت ہے اور جان عزیز

نہ گُلِ نغمہ ہوں، نہ پردۂ ساز
میں ہوں اپنی شِکست کی آواز
تُو اور آرائشِ خمِ کاکُل
میں اور اندیشہ ہائے دُور دراز

لافِ تمکیں، فریبِ سادہ دِلی
ہم ہیں اور رازِ ہائے سِینہ گُداز

ہُوں گرفتارِ اُلفتِ صیّاد
ورنہ باقی ہے طاقتِ پرواز

وُہ بھی دِن ہو کہ اُس سِتمگر سے
ناز کھینچوں بجائے حسرتِ ناز

نہیں دِل میں مرے وہ قطرۂ خُوں
جس سے مژگاں ہُوئی نہ ہو گُل باز

اے ترا غمزہ، یک قلم انگیز
اے ترا ظلم، سر بسر انداز

تو ہُوا جلوہ گر، مُبارک ہو
ریزشِ سجدۂ جبینِ نیاز

مُجھ کو پُوچھا تو کُچھ غضب نہ ہُوا
میں غریب اور تُو غریب نواز

اسدُ اللہ خاں تمام ہُوا
اے دریغا! وُہ رندِ شاہد باز

(س)

مُژدہ، اے ذوقِ اسیری کہ نظر آتا ہے
دامِ خالی قفسِ مُرغِ گرفتار کے پاس

جگرِ تشنۂ آزار تسلّی نہ ہُوا
جُوئے خوں ہم نے بہائی بُنِ ہر خار کے پاس

مُند گئیں کھولتے ہی کھولتے آنکھیں، ہے ہے!
خُوب وقت آئے تم اِس عاشقِ بیمار کے پاس

میں بھی رُک رُک کے نہ مرتا، جو زباں کے بدلے
دُشنہ اِک تیز سا ہوتا مِرے غم خوار کے پاس

دہنِ شیر میں جا بیٹھیے لیکن اے دل
نہ کھڑے ہُو جیے خوبانِ دل آزار کے پاس

دیکھ کر تجھ کو، چمن بسکہ نمُو کرتا ہے
خُود بخُود پہنچے ہے گُل گوشۂ دستار کے پاس

مر گیا پھوڑ کے سر غالبِ وحشی، ہے ہے!
بیٹھنا اُس کا وُہ آکر تری دیوار کے پاس

(ش)

نہ لیوے گر خسِ جوہر طراوت سبزۂ خط سے
لگا دے خانۂ آئینہ میں روئے نگار آتش

فروغِ حسن سے ہوتی ہے حلِّ مشکلِ عاشق
نہ نکلے شمع کے پا سے، نکالے گر نہ خار آتش

(ع)

جادۂ رہ خُور کو وقتِ شام ہے تارِ شعاع
چرخ وا کرتا ہے ماہِ نو سے آغوشِ وداع

رُخِ نگار سے ہے سوزِ جاوِدانیٔ شمع
ہُوئی ہے آتشِ گُل، آبِ زندگانیٔ شمع

زبانِ اہلِ زباں میں ہے مرگِ خاموشی
یہ بات بزم میں روشن ہُوئی زبانیٔ شمع

کرے ہے صرف بہ ایمائے شعلہ، قِصّہ تمام
بطرزِ اہلِ فنا ہے فسانہ خوانیٔ شمع

غم اُس کو حسرتِ پروانہ کا ہے اے شعلہ!
ترے لرزنے سے ظاہر ہے ناتوانیٔ شمع

ترے خیال سے رُوح اِہتزاز کرتی ہے
بہ جلوہ ریزیٔ باد و بہ پَرفشانیٔ شمع

نشاطِ داغِ غمِ عشق کی بہار نہ پُوچھ
شُگُفتگی ہے شہیدِ گُلِ خزانیٔ شمع

جلے ہے دیکھ کے بالینِ یار پر مُجھ کو
نہ کیوں ہو دِل پہ مرے داغِ بدگُمانیٔ شمع

(ف)

بیمِ رقیب سے نہیں کرتے وداعِ ہوش
مجبور، یاں تلک ہوئے اے اختیار حیف

جلتا ہے دل کہ کیوں نہ ہم اک بار جل گئے
اے ناتمامیٔ نفسِ شعلہ بار حیف

(ک)

زخم پر چھڑکیں کہاں طفلانِ بے پروا نمک
کیا مزہ ہوتا اگر پتھّر میں بھی ہوتا نمک
گردِ راہِ یار ہے سامانِ نازِ زخمِ دل
ورنہ ہوتا ہے جہاں میں کس قدر پیدا نمک

مجھ کو ارزانی رہے، تجھ کو مبارک ہُو جیو
نالۂ بُلبُل کا دَرد اور خندۂ گُل کا نمک

شورِ جولاں تھا کنارِ بحر پر کس کا کہ آج
گردِ ساحل ہے بہ زخمِ موجۂ دریا نمک

داد دیتا ہے مِرے زخمِ جگر کی واہ وا
یاد کرتا ہے مجُھے، دیکھے ہے وہ جس جا نمک

چھوڑ کر جانا تنِ مجرُوحِ عاشق، حیف ہے
دِل طلب کرتا ہے زخم اور مانگے ہیں اعضا نمک

غیر کی مِنّت نہ کھینچوں گا پئے توفیرِ دَرد
زخم مثلِ خندۂ قاتل ہے سَر تا پا نمک

یاد ہیں غالب تجھے وُہ دِن کہ وجدِ ذوق میں
زخم سے گرتا تو میں پلکوں سے چُنتا تھا نمک

آہ کو چاہیے اک عُمر اثر ہونے تک
کون جیتا ہے تری زلف کے سر ہونے تک

دامِ ہر موج میں ہے حلقۂ صد کامِ نہنگ
دیکھیں کیا گزرے ہے قطرے پہ گُہر ہونے تک

عاشقی صبر طلب اور تمنّا بے تاب
دِل کا کیا رنگ کروں خونِ جگر ہونے تک

ہم نے مانا کہ تغافل نہ کرو گے لیکن
خاک ہو جائیں گے ہم، تُم کو خبر ہونے تک

پرتوِ خُور سے ہے شبنم کو فنا کی تعلیم
میں بھی ہُوں ایک عنایت کی نظر ہونے تک

یک نظر بیش نہیں فرصتِ ہستی، غافل
گرمیٔ بزم ہے اِک رقصِ شرر ہونے تک

غمِ ہستی کا اسدؔ کس سے ہو جُز مرگ علاج
شمع ہر رنگ میں جلتی ہے سحر ہونے تک

(گ)

گر تُجھ کو ہے یقینِ اِجابت دُعا نہ مانگ
یعنی بغیر یک دلِ بے مدّعا نہ مانگ

آتا ہے داغِ حسرتِ دل کا شمار یاد
مجھ سے مِرے گُنہ کا حساب اے خدا نہ مانگ

(ل)

ہے کس قدر ہلاکِ فریبِ وفائے گُل
بُلبُل کے کاروبار پہ ہیں خندہ ہائے گُل

آزادیٔ نسیمِ مُبارک کہ ہر طرف
ٹُوٹے پڑے ہیں حلقۂ دامِ ہوائے گُل

جو تھا سو موجِ رنگ کے دھوکے میں مر گیا
اے وائے نالۂ لبِ خونیں نوائے گُل

خوش حال اُس حریفِ سیہ مست کا کہ جو
رکھتا ہو مثلِ سایۂ گُل، سر بہ پائے گُل

ایجاد کرتی ہے اِسے تیرے لیے بہار
میرا رقیب ہے نفَسِ عطر سائے گُل

شرمندہ رکھتے ہیں مجھے بادِ بہار سے
مینائے بے شراب و دلِ بے ہوائے گُل

سَطوت سے تیرے جلوۂ حُسنِ غیُور کی
خُوں ہے مری نگاہ میں رنگِ ادائے گُل

تیرے ہی جلوے کا ہے یہ دھوکا کہ آج تک
بے اختیار دوڑے ہے گُل در قفائے گُل

غالبؔ مجھے ہے اُس سے ہم آغوشی آرزو
جس کا خیال ہے گُلِ جیبِ قبائے گُل

(م)

غم نہیں ہوتا ہے آزادوں کو بیش از یک نفَس
برق سے کرتے ہیں روشن شمعِ ماتم خانہ ہم

محفلیں برہم کرے ہے گنجفہ بازِ خیال
ہیں ورق گردانیٔ نیرنگِ یک بُت خانہ ہم

باوجودِ یک جہاں ہنگامہ، پیدائی نہیں
ہیں چراغانِ شبستانِ دلِ پروانہ ہم

ضُعف سے ہے، نے قناعت سے، یہ ترکِ جُستجُو
ہیں وبالِ تکیہ گاہِ ہمّتِ مردانہ ہم

دائمُ الحبس اِس میں ہیں لاکھوں تمنّائیں اسدؔ
جانتے ہیں سینۂ پُرخوں کو زنداں خانہ ہم

بہ نالہ حاصلِ دل بستگی فراہم کر
متاعِ خانۂ زنجیر، جُز صدا، معلوم!

مُجھ کو دیارِ غیر میں مارا وطن سے دُور
رکھ لی مِرے خُدا نے مِری بیکسی کی شرم

وہ حلقہ ہائے زلف کمیں میں ہیں اے خُدا
رکھ لیجو میرے دعوئ وارستگی کی شرم

(ن)

لُوں وام بختِ خفتہ سے یک خوابِ خُوش ولے
غالب یہ خوف ہے کہ کہاں سے ادا کروں

وہ فِراق اور وہ وِصال کہاں

وہ شب و روز و ماہ و سال کہاں

فرصتِ کاروبارِ شوق کِسے

ذوقِ نظّارۂ جمال کہاں

دِل تو دِل وہ دِماغ بھی نہ رہا

شورِ سودائے خطّ و خال کہاں

تھی وہ اِک شخص کے تصوّر سے

اب وہ رعنائیِ خیال کہاں

ایسا آساں نہیں لہو رونا

دِل میں طاقت، جگر میں حال کہاں

ہم سے چھُوٹا قمار خانۂ عشق

واں جو جاویں، گرہ میں مال کہاں

فِکرِ دُنیا میں سر کھپاتا ہُوں

مَیں کہاں اور یہ وبال کہاں

مُضمحِل ہو گئے قُویٰ غالبؔ

وہ عناصر میں اِعتِدال کہاں

کی وفا ہم سے تو غیر اِس کو جفا کہتے ہیں
ہوتی آئی ہے کہ اچھّوں کو بُرا کہتے ہیں

آج ہم اپنی پریشانیٔ خاطِر اُن سے
کہنے جاتے تو ہیں پر دیکھیے کیا کہتے ہیں

اگلے وقتوں کے ہیں یہ لوگ، اِنھیں کچُھ نہ کہو
جو مے و نغمہ کو اندوہ رُبا کہتے ہیں

دِل میں آجائے ہے، ہوتی ہے جو فرصت غش سے
اور پھر کون سے نالے کو رسا کہتے ہیں

ہے پرے سرحدِ اِدراک سے اپنا مسجُود
قبلے کو اہلِ نظر قبلہ نُما کہتے ہیں

پائے افگار پہ جب سے تجھے رحم آیا ہے
خارِ رہ کو ترے ہم مہر گیا کہتے ہیں

اِک شررِ دل میں ہے، اُس سے کوئی گھبرائے گا کیا
آگ مطلوب ہے ہم کو جو ہَوا کہتے ہیں

دیکھیے لاتی ہے اُس شوخ کی نخوت کیا رنگ
اُس کی ہر بات پہ ہم نامِ خُدا کہتے ہیں

وحشتؔ و شیفتہؔ اب مرثیہ کہویں شاید
مر گیا غالبِؔ آشُفتہ نوا، کہتے ہیں

آبرو کیا خاک اُس گُل کی کہ گلشن میں نہیں
ہے گریباں ننگِ پیراہن جو دامن میں نہیں

ضُعف سے اے گریہ کچھ باقی مرے تن میں نہیں
رنگ ہو کر اُڑ گیا، جو خوں کہ دامن میں نہیں

ہو گئے ہیں جمع اجزائے نگاہِ آفتاب
ذرّے اُس کے گھر کی دیواروں کے روزن میں نہیں

کیا کہوں تاریکیٔ زندانِ غم، اندھیر ہے
پنبہ نورِ صبح سے کم جس کے روزن میں نہیں

رونقِ ہستی ہے عشقِ خانہ ویراں ساز سے
انجمن بے شمع ہے، گر برق خرمن میں نہیں

زخم سِلوانے سے مجھ پر چارہ جوئی کا ہے طعن
غیر سمجھا ہے کہ لذّت زخمِ سوزن میں نہیں

بسکہ ہیں ہم اک بہارِ ناز کے مارے ہوئے
جلوۂ گل کے سِوا گرد اپنے مدفن میں نہیں

قطرہ قطرہ اِک ہیولیٰ ہے نئے ناسُور کا
خُوں بھی ذوقِ درد سے فارغ مِرے تن میں نہیں

لے گئی ساقی کی نخوت قُلزُم آشامی مِری
موجِ مے کی آج رگ مینا کی گردن میں نہیں

ہو فشارِ ضُعف میں کیا ناتوانی کی نمُود
قد کے جُھکنے کی بھی گنجائش مِرے تن میں نہیں

تھی وطن میں شان کیا غالب کہ ہو غُربت میں قدر
بے تکلّف، ہُوں وہ مُشتِ خس کہ گُلخن میں نہیں

عُہدے سے مدحِ ناز کے، باہر نہ آ سکا
گر اِک ادا ہو تو اُسے اپنی قضا کہوں

حلقے ہیں چشم ہائے کشادہ بہ سُوئے دِل
ہر تارِ زُلف کو نگہِ سُرمہ سا کہوں

میں اور صد ہزار نوائے جِگر خراش
تُو اور ایک وہ نہ شُنیدن کہ کیا کہوں

ظالم مرے گُماں سے مجھے مُنفعِل نہ چاہ
ہے ہے! خُدا نہ کردہ، تجھے بیوفا کہوں

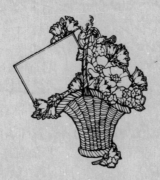

مہرباں ہو کے بُلا لو مجُھے، چاہو جِس وقت
میں گیا وقت نہیں ہُوں کہ پھر آ بھی نہ سکُوں

ضُعف میں طعنۂ اغیار کا شکوہ کیا ہے
بات کُچھ سر تو نہیں ہے کہ اُٹھا بھی نہ سکُوں

زہر مِلتا ہی نہیں مجُھ کو، ستمگر! ورنہ
کیا قسم ہے ترے مِلنے کی کہ کھا بھی نہ سکُوں؟

ہم سے کھُل جاؤ بہ وقتِ مے پرستی ایک دِن
ورنہ ہم چھیڑیں گے رکھ کر عُذرِ مستی ایک دِن
غرّۂ اوجِ بنائے عالمِ اِمکاں نہ ہو
اِس بلندی کے نصیبوں میں ہے پستی ایک دِن

قرض کی پیتے تھے مے لیکن سمجھتے تھے کہ ہاں
رنگ لائے گی ہماری فاقہ مستی ایک دِن

نغمہ ہائے غم کو بھی اے دِل غنیمت جانیے
بے صدا ہو جائے گا یہ سازِ ہستی ایک دِن

دَھول دَھپّا اُس سراپا ناز کا شیوہ نہیں
ہم ہی کر بیٹھے تھے غالبؔ پیش دستی ایک دِن

ہم پر جفا سے ترکِ وفا کا گُماں نہیں
اِک چھیڑ ہے وگرنہ مُرادِ اِمتحاں نہیں

کِس مُنھ سے شکر کیجیے اِس لُطفِ خاص کا
پُرسِش ہے اور پائے سُخن درمیاں نہیں

ہم کو سِتم عزیز، سِتمگر کو ہم عزیز
نا مہرباں نہیں ہے اگر مہرباں نہیں

بوسہ نہیں، نہ دیجیے دُشنام ہی سہی
آخر زباں تو رکھتے ہو تُم گر دہاں نہیں

(ق)

ہرچند جاں گدازیٔ قہر و عتاب ہے

ہرچند پُشت گرمیٔ تاب و تواں نہیں

جاں مُطرِبِ ترانۂ ھَل مِن مَّزِیْد ہے

لب پردہ سنجِ زمزمۂ الاماں نہیں

خنجر سے چیر سِینہ اگر دل نہ ہو دو نیم

دِل میں چھُری چبھو، مِژہ گر خُوں چکاں نہیں

ہے ننگِ سینہ دِل اگر آتش کدہ نہ ہو

ہے عارِ دل نفَس اگر آذر فشاں نہیں

نُقصاں نہیں جنوں میں، بلا سے ہو گھر خراب

سو گز زمیں کے بدلے بیاباں گراں نہیں

کہتے ہو کیا لِکھا ہے تِری سَرنوِشت میں

گویا جبیں پہ سجدۂ بُت کا نشاں نہیں

پاتا ہُوں اُس سے داد کچُھ اپنے کلام کی

رُوحُ القُدُس اگرچہ مرا ہم زباں نہیں

جاں ہے بہائے بوسہ ولے کیوں کہے ابھی

غالبؔ کو جانتا ہے کہ وہ نیم جاں نہیں

مانعِ دشت نوردی کوئی تدبیر نہیں
ایک چکّر ہے مرے پاؤں میں، زنجیر نہیں

شوق اُس دشت میں دوڑائے ہے مجھ کو کہ جہاں
جادہ غیر از نگہِ دیدۂ تصویر نہیں

حسرتِ لذّتِ آزار رہی جاتی ہے
جادۂ راہِ وفا، جُز دمِ شمشیر نہیں

رنجِ نومیدئ جاوید! گوارا رہیو
خوش ہوں گر نالہ زبُونی کشِ تاثیر نہیں

سر کھجاتا ہے، جہاں زخمِ سر اچھّا ہو جائے
لذّتِ سنگ بہ اندازۂ تقریر نہیں

جب کرم رخصتِ بے باکی و گُستاخی دے
کوئی تقصیر بجُز خجلتِ تقصیر نہیں

غالبؔ اپنا یہ عقیدہ ہے بقولِ ناسخؔ
"آپ بے بہرہ ہے، جو مُعتقدِ میرؔ نہیں"

مت مَردُمکِ دیدہ میں سمجھو یہ نگاہیں
ہیں جمع سُوَیدائے دلِ چشم میں آہیں

برشکالِ گریۂ عاشق ہے، دیکھا چاہیے
کھِل گئی مانندِ گُل سو جا سے دیوارِ چمن

اُلفتِ گُل سے غَلَط ہے دعوئ وارستگی
سرْو ہے باوصفِ آزادی گرفتارِ چمن

عشق تاثیر سے نومید نہیں
جاں سپاری شجرِ بید نہیں

سلطنت دست بہ دست آئی ہے
جامِ مے خاتمِ جمشید نہیں

ہے تجلّی تری سامانِ وُجُود
ذرّہ بے پرتوِ خُورشید نہیں

رازِ معشُوق نہ رُسوا ہو جائے
ورنہ مر جانے میں کچھ بھید نہیں

گردشِ رنگِ طرب سے ڈر ہے
غمِ محرُومیٔ جاوید نہیں

کہتے ہیں، جیتے ہیں اُمّید پہ لوگ
ہم کو جینے کی بھی اُمّید نہیں

جہاں تیرا نقشِ قدم دیکھتے ہیں
خیاباں خیاباں اِرم دیکھتے ہیں

دلِ آشفتگاں خالِ کُنجِ دہَن کے
سُوَیدا میں سیرِ عدم دیکھتے ہیں

ترے سروِ قامت سے اِک قدِّ آدم
قیامت کے فِتنے کو کم دیکھتے ہیں

تماشا! کہ اے محوِ آئینہ داری
تُجھے کِس تمنّا سے ہم دیکھتے ہیں

سُراغِ تُفِ نالہ لے داغِ دِل سے
کہ شبرَو کا نقشِ قدم دیکھتے ہیں

بنا کر فقیروں کا ہم بھیس غالبؔ
تماشائے اہلِ کرم دیکھتے ہیں

ملتی ہے خُوئے یار سے نار اِلتہاب میں

کافِر ہُوں، گر نہ ملتی ہو راحت عذاب میں

کب سے ہُوں، کیا بتاؤں، جہانِ خراب میں

شب ہائے ہجر کو بھی رکھوں گر حساب میں

تا پھر نہ اِنتظار میں نیند آئے عُمر بھر

آنے کا عہد کر گئے آئے جو خواب میں

قاصِد کے آتے آتے خط اِک اور لِکھ رکھوں

میں جانتا ہُوں جو وہ لکھیں گے جواب میں

مُجھ تک کب اُن کی بزم میں آتا تھا دَورِ جام

ساقی نے کُچھ مِلا نہ دیا ہو شراب میں

جو مُنکرِ وفا ہو، فریب اُس پہ کیا چلے

کیوں بدگماں ہُوں دوست سے دُشمن کے باب میں

مَیں مُضطرِب ہُوں وصل میں، خوفِ رقیب سے
ڈالا ہے تم کو وہم نے کِس پیچ و تاب میں

مَیں اور حظِّ وصل، خُدا ساز بات ہے
جاں نذر دینی بھول گیا اِضطراب میں

ہے تیوری چڑھی ہُوئی اندر نِقاب کے
ہے اِک شِکن پڑی ہُوئی طرفِ نِقاب میں

لاکھوں لگاؤ، ایک چُرانا نِگاہ کا
لاکھوں بناؤ، ایک بگڑنا عتاب میں

(ق)

وہ نالہ دِل میں خَس کے برابر جگہ نہ پائے
جس نالے سے شِگاف پڑے آفتاب میں

وہ سِحر مُدّعا طَلَبی میں نہ کام آئے
جس سِحر سے سفینہ رَواں ہو سَراب میں

غالب چُھٹی شراب پر اب بھی کبھی کبھی
پیتا ہُوں روزِ ابر و شبِ ماہتاب میں

کل کے لیے کر آج نہ خسّت شراب میں
یہ سوءِ ظن ہے ساقیٔ کوثر کے باب میں

ہیں آج کیوں ذلیل، کہ کل تک نہ تھی پسند
گستاخیٔ فرشتہ ہماری جناب میں

جاں کیوں نکلنے لگتی ہے تن سے دمِ سماع
گر وہ صدا سمائی ہے چنگ و رباب میں

رَو میں ہے رخشِ عمر، کہاں دیکھیے تھمے
نے ہاتھ باگ پر ہے نہ پا ہے رکاب میں

اتنا ہی مجھ کو اپنی حقیقت سے بُعد ہے
جتنا کہ وہمِ غیر سے ہوں پیچ و تاب میں

اصلِ شُہود و شاہد و مشہود ایک ہے
حیراں ہوں پھر مشاہدہ ہے کس حساب میں

ہے مشتمل نمودِ صُوَر پر وجودِ بحر
یاں کیا دھرا ہے قطرہ و موج و حباب میں

شرم اِک ادائے ناز ہے، اپنے ہی سے سہی
ہیں کتنے بے حجاب کہ ہیں یُوں حجاب میں

آرائشِ جمال سے فارغ نہیں ہنوز
پیشِ نظر ہے آئنہ دائم نقاب میں

ہے غیبِ غیب جس کو سمجھتے ہیں ہم شہُود
ہیں خواب میں ہنُوز جو جاگے ہیں خواب میں

غالب ندیمِ دوست سے آتی ہے بُوئے دوست
مشغُولِ حق ہُوں بندگیٔ بُوتراب میں

حیراں ہُوں، دِل کو روؤں کہ پیٹوں جگر کو مَیں
مقدُور ہو تو ساتھ رکھوں نوحہ گر کو میں

چھوڑا نہ رشک نے کہ ترے گھر کا نام لُوں
ہر اک سے پُوچھتا ہُوں کہ جاؤں کدھر کو میں

جانا پڑا رقیب کے در پر ھزار بار
اے کاش جانتا نہ ترے رہگزر کو میں

ہے کیا جو کس کے باندھیے، میری بلا ڈرے
کیا جانتا نہیں ہُوں تمھاری کمر کو میں

لو وُہ بھی کہتے ہیں کہ یہ بے ننگ و نام ہے
یہ جانتا اگر تو لُٹاتا نہ گھر کو میں

چلتا ہُوں تھوڑی دُور ہر اِک تیز رو کے ساتھ
پہچانتا نہیں ہُوں ابھی راہبر کو میں

خواہش کو احمقوں نے پرستش دیا قرار
کیا پُوجتا ہُوں اُس بُتِ بیداد گر کو میں

پھر بیخودی میں بھول گیا راہِ کُوئے یار
جاتا وگرنہ ایک دِن اپنی خبر کو میں

اپنے پہ کر رہا ہُوں قیاس اہلِ دہر کا
سمجھا ہُوں دِل پذیر، مَتاعِ ہُنر کو میں

غالب خُدا کرے کہ سوارِ سمندِ ناز
دیکھوں علی بہادرِ عالی گُہر کو میں

ذکر میرا بہ بدی بھی اُسے منظور نہیں
غیر کی بات بگڑ جائے تو کچھ دُور نہیں

وعدۂ سیرِ گلستاں ہے، خوشا طالعِ شوق
مُژدۂ قتل مُقدّر ہے جو مذکُور نہیں

شاہدِ ہستیٔ مُطلَق کی کمر ہے عالَم
لوگ کہتے ہیں کہ ہے، پر ہمیں منظُور نہیں

قطرہ اپنا بھی حقیقت میں ہے دریا لیکن
ہم کو تقلیدِ تُنک ظرفیٔ منصُور نہیں

حسرت، اے ذوقِ خرابی کہ وہ طاقت نہ رہی
عشقِ پُر عربدہ کی گوں تنِ رنجُور نہیں

میں جو کہتا ہُوں کہ ہم لیں گے قیامت میں تمھیں
کس رُعُونت سے وہ کہتے ہیں کہ ہم حُور نہیں

ظُلم کر ظُلم، اگر لُطف دریغ آتا ہو
تُو تغافُل میں کسی رنگ سے معذُور نہیں

صاف دُردی کشِ پیمانۂ جم ہیں ہم لوگ
وائے وہ بادہ کہ افشُردۂ انگُور نہیں

ہُوں ظہُوری کے مُقابل میں خفائی غالبؔ
میرے دعوے پہ یہ حُجّت ہے کہ مشہُور نہیں

نالہ، جُز حُسنِ طلب، اے سِتم ایجاد، نہیں
ہے تقاضائے جفا، شِکوۂ بیداد نہیں

عِشق و مُزدُوریٔ عشرت گہِ خُسرَو، کیا خُوب
ہم کو تسلیم نِکو نامیٔ فرہاد نہیں

کم نہیں وہ بھی خرابی میں، پہ وُسعت معلُوم
دشت میں ہے مجُھے وہ عیش کہ گھر یاد نہیں

اہلِ بینِش کو ہے طُوفانِ حوادِث مکتب
لطمۂ موج کم از سیلیٔ اُستاد نہیں

وائے محرومیٔ تسلیم و بدا حالِ وفا
جانتا ہے کہ ہمیں طاقتِ فریاد نہیں

رنگِ تمکینِ گُل و لالہ پریشاں کیوں ہے
گر چراغانِ سرِ رہگزرِ باد نہیں

سبدِ گُل کے تلے بند کرے ہے گلچیں
مُژدہ! اے مُرغ، کہ گُلزار میں صیّاد نہیں

نفی سے کرتی ہے اِثبات تراوِش گویا
دی ہے جائے دَہَن اُس کو، دمِ ایجاد، نہیں

کم نہیں جلوہ گری میں ترے کُوچے سے بہشت
یہی نقشہ ہے، ولے اِس قدر آباد نہیں

کرتے کس مُنھ سے ہو غربت کی شکایت غالبؔ
تم کو بے مہریٔ یارانِ وطن یاد نہیں؟

دونوں جہان دے کے وہ سمجھے یہ خُوش رہا
یاں آ پڑی یہ شرم کہ تکرار کیا کریں

تھک تھک کے ہر مقام پہ دو چار رہ گئے
تیرا پتا نہ پائیں تو ناچار کیا کریں

کیا شمع کے نہیں ہیں ہوا خواہ اہلِ بزم
ہو غم ہی جاں گُداز تو غم خوار کیا کریں

ہو گئی ہے غیر کی شیریں بیانی کارگر
عشق کا اُس کو گماں ہم بے زبانوں پر نہیں

قیامت ہے کہ سُن لیلیٰ کا دشتِ قیس میں آنا
تعجّب سے وہ بولا "یوں بھی ہوتا ہے زمانے میں؟"

دلِ نازک پہ اُس کے رحم آتا ہے مجھے غالبؔ
نہ کر سرگرم اُس کافر کو اُلفت آزمانے میں

دل لگا کر لگ گیا اُن کو بھی تنہا بیٹھنا
بارے اپنی بیکسی کی ہم نے پائی داد یاں

ہیں زوال آمادہ اجزا آفرینش کے تمام
مہرِ گردُوں ہے چراغِ رہگُزارِ باد یاں

یہ ہم جو ہجر میں دیوار و دَر کو دیکھتے ہیں
کبھی صبا کو کبھی نامہ بر کو دیکھتے ہیں

وہ آئے گھر میں ہمارے، خُدا کی قدرت ہے
کبھی ہم اُن کو کبھی اپنے گھر کو دیکھتے ہیں

نظر لگے نہ کہیں اُس کے دست و بازو کو
یہ لوگ کیوں مرے زخمِ جگر کو دیکھتے ہیں

ترے جواہرِ طرفِ کُلہ کو کیا دیکھیں
ہم اَوجِ طالعِ لعل و گُہر کو دیکھتے ہیں

نہیں کہ مجھ کو قیامت کا اعتقاد نہیں
شبِ فراق سے روزِ جزا زیاد نہیں

کوئی کہے کہ شبِ مہ میں کیا بُرائی ہے
بَلا سے، آج اگر دن کو ابر و باد نہیں

جو آؤں سامنے اُن کے تو مرحبا نہ کہیں
جو جاؤں واں سے کہیں کو تو خیر باد نہیں

کبھی جو یاد بھی آتا ہوں میں تو کہتے ہیں
کہ آج بزم میں کچھ فتنہ و فساد نہیں

علاوہ عید کے ملتی ہے اور دن بھی شراب
گدائے کوچۂ مے خانہ نامُراد نہیں

جہاں میں ہو غم و شادی بہم، ہمیں کیا کام
دیا ہے ہم کو خُدا نے وہ دل کہ شاد نہیں

تم اُن کے وعدے کا ذکر اُن سے کیوں کرو غالبؔ
یہ کیا کہ تُم کہو اور وہ کہیں کہ یاد نہیں

تیرے توسن کو صبا باندھتے ہیں
ہم بھی مضموں کی ہَوا باندھتے ہیں
آہ کا کِس نے اثر دیکھا ہے
ہم بھی اِک اپنی ہَوا باندھتے ہیں
تیری فرُصت کے مُقابِل اے عُمر
برق کو پا بہ حِنا باندھتے ہیں
قیدِ ہستی سے رِہائی معلُوم
اشک کو بے سرو پا باندھتے ہیں
نشۂ رنگ سے ہے واشُدِ گُل
مست کب بندِ قبا باندھتے ہیں
غَلطی ہائے مضامیں مت پُوچھ
لوگ نالے کو رسا باندھتے ہیں

اہلِ تدبیر کی واماندگیاں

آبلوں پر بھی حِنا باندھتے ہیں

سادہ پُرکار ہیں خُوباں، غالبؔ
ہم سے پیمانِ وفا باندھتے ہیں

زمانہ سخت کم آزار ہے، بہ جانِ اسدؔ
وگرنہ ہم تو توقّع زیادہ رکھتے ہیں

دائم پڑا ہُوا ترے دَر پر نہیں ہُوں مَیں
خاک ایسی زِندگی پہ کہ پتّھر نہیں ہُوں میں
کیوں گردشِ مُدام سے گھبرا نہ جائے دِل
اِنسان ہُوں، پیالہ و ساغر نہیں ہُوں میں
یارب زمانہ مجھ کو مِٹاتا ہے کِس لیے
لَوحِ جہاں پہ حرفِ مُکرّر نہیں ہُوں میں

حد چاہیے سزا میں عُقُوبت کے واسطے
آخر گناہ گار ہُوں، کافر نہیں ہُوں میں

کس واسطے عزیز نہیں جانتے مجھے
لعل و زُمرُّد و زر و گوہَر نہیں ہُوں میں

رکھتے ہو تُم قدم مری آنکھوں سے کیوں دریغ
رُتبے میں مہر و ماہ سے کمتر نہیں ہُوں میں

کرتے ہو مجھ کو منِع قدم بوس کس لیے
کیا آسمان کے بھی برابر نہیں ہُوں میں

غالب وظیفہ خوار ہو، دو شاہ کو دُعا
وہ دِن گئے کہ کہتے تھے نوکر نہیں ہُوں میں

سب کہاں، کُچھ لالہ و گُل میں نُمایاں ہو گئیں
خاک میں، کیا صُورتیں ہوں گی کہ پنہاں ہو گئیں

یاد تھیں ہم کو بھی رنگا رنگ بزم آرائیاں
لیکن اب نقش و نگار طاقِ نِسیاں ہو گئیں

۱۰۳

تھیں بناتُ النّعش گردُوں دِن کو پردے میں نہاں
شب کو اِن کے جی میں کیا آئی کہ عُریاں ہو گئیں

قید میں یعقوب نے لی، گو، نہ یُوسُف کی خبر
لیکن آنکھیں روزنِ دیوارِ زنداں ہو گئیں

سب رقیبوں سے ہوں ناخوش پر زنانِ مصر سے
ہے زُلیخا خوش کہ محوِ ماہِ کنعاں ہو گئیں

جُوئے خوں آنکھوں سے بہنے دو کہ ہے شامِ فراق
میں یہ سمجھوں گا کہ شمعیں دو فروزاں ہو گئیں

اِن پری زادوں سے لیں گے خُلد میں ہم اِنتقام
قُدرتِ حق سے یہی حُوریں اگر واں ہو گئیں

نیند اُس کی ہے، دماغ اُس کا ہے، راتیں اُس کی ہیں
تیری زُلفیں جس کے بازُو پر پریشاں ہو گئیں

میں چمن میں کیا گیا، گویا دبِستاں کھُل گیا
بُلبُلیں سُن کر مرے نالے غزل خواں ہو گئیں

وہ نگاہیں کیوں ہوئی جاتی ہیں یارب دل کے پار
جو مری کوتاہیِٔ قسمت سے مژگاں ہو گئیں

بسکہ روکا میں نے اور سینے میں اُبھریں پے بہ پے
میری آہیں بخیۂ چاکِ گریباں ہو گئیں

واں گیا بھی میں تو اُن کی گالیوں کا کیا جواب
یاد تھیں جتنی دُعائیں صرفِ درباں ہو گئیں

جاں فِزا ہے بادہ ، جس کے ہاتھ میں جام آ گیا
سب لکیریں ہاتھ کی گویا رگِ جاں ہو گئیں

ہم مُوَحّد ہیں ، ہمارا کیش ہے ترکِ رُسوم
مِلّتیں جب مِٹ گئیں اجزائے ایماں ہو گئیں

رنج سے خُوگر ہُوا اِنساں تو مِٹ جاتا ہے رنج
مُشکلیں مجھ پر پڑیں اتنی کہ آساں ہو گئیں

یُوں ہی گر روتا رہا غالبؔ تو اے اہلِ جہاں
دیکھنا اِن بستیوں کو تُم کہ وِیراں ہو گئیں

دیوانگی سے دوش پہ زُنّار بھی نہیں
یعنی، ہمارے جَیب[1] میں اک تار بھی نہیں

دِل کو نیازِ حسرتِ دیدار کر چکے
دیکھا تو ہم میں طاقتِ دیدار بھی نہیں

مِلنا تِرا اگر نہیں آساں تو سہل ہے
دُشوار تو یہی ہے کہ دشوار بھی نہیں

بے عشق عُمر کٹ نہیں سکتی ہے اور یہاں
طاقت بہ قدرِ لذّتِ آزار بھی نہیں

شوریدگی کے ہاتھ سے ہے سَر وبالِ دوش
صحرا میں اے خُدا کوئی دیوار بھی نہیں

گُنجائشِ عداوتِ اغیار یک طرف
یاں دِل میں ضُعف سے ہوسِ یار بھی نہیں

ڈر نالہ ہائے زار سے میرے، خُدا کو مان
آخر نوائے مُرغِ گرفتار بھی نہیں

[1] جَیب بمعنی گریبان مذکر ہے۔

دِل میں ہے یار کی صفِ مژگاں سے رُوکشی
حالاں کہ طاقتِ خلشِ خار بھی نہیں
اِس سادگی پہ کون نہ مر جائے اے خُدا
لڑتے ہیں اور ہاتھ میں تلوار بھی نہیں
دیکھا اسدؔ کو خَلوت و جَلوت میں بارہا
دیوانہ گر نہیں ہے تو ہُشیار بھی نہیں

نہیں ہے زخم کوئی بخیے کے درخُور مرے تن میں
ہُوا ہے تارِ اشکِ یاس رشتہ چشمِ سوزن میں
ہُوئی ہے مانعِ ذوقِ تماشا خانہ وِیرانی
کفِ سیلاب باقی ہے بہ رنگِ پنبہ روزن میں
ودیعت خانۂ بیدادِ کاوشہائے مژگاں ہُوں
نگینِ نامِ شاہد ہے، مرا ہر قطرہ خُوں تن میں
بیاں کس سے ہو ظُلمت گستری میرے شبستاں کی
شبِ مہ ہو، جو رکھ دیں پنبہ دیواروں کے روزن میں

نکوہش مانعِ بے ربطیٔ شورِ جُنوں آئی
ہُوا ہے خندۂ احباب بخیہ جَیب و دامن میں

ہُوئے اُس مہروش کے جلوۂ تمثال کے آگے
پَر افشاں جوہر آئینے میں مثلِ ذرّہ روزن میں

نہ جانوں نیک ہُوں یا بد ہُوں، پر صُحبت مُخالف ہے
جو گُل ہوں تو ہوں گُلخن میں جو خس ہوں تو ہوں گلشن میں

ہزاروں دِل دِیے جوشِ جُنُونِ عشق نے مُجھ کو
سیہ ہو کر سُوَیدا ہو گیا ہر قطرۂ خُوں تن میں

اسدؔ زندانیٔ تاثیرِ اُلفت ہائے خُوباں ہُوں
خمِ دستِ نوازش ہو گیا ہے طوق گردن میں

مزے جہان کے، اپنی نظر میں خاک نہیں
سوائے خُونِ جگر، سو جگر میں خاک نہیں

مگر، غبار ہُوئے پر ہَوا اُڑا لے جائے
وگرنہ تاب و تُواں بال و پَر میں خاک نہیں

یہ کِس بہشت شمائل کی آمد آمد ہے
کہ غیرِ جلوۂ گُل رہگزر میں خاک نہیں

بھلا اُسے نہ سہی کچھ مجھی کو رحم آتا
اثر مرے نفَسِ بے اثر میں خاک نہیں

خیالِ جلوۂ گُل سے خراب ہیں میکش
شراب خانے کے دیوار و دَر میں خاک نہیں

ہُوا ہُوں عشق کی غارت گری سے شرمندہ
سوائے حسرتِ تعمیر گھر میں خاک نہیں

ہمارے شعر ہیں اب صرف دِل لگی کے اسدؔ
کھُلا کہ فائدہ عرضِ ہُنر میں خاک نہیں

دِل ہی تو ہے نہ سنگ و خشت، درد سے بھر نہ آئے کیوں
روئیں گے ہم ہزار بار، کوئی ہمیں ستائے کیوں

دَیر نہیں، حرم نہیں، دَر نہیں، آستاں نہیں
بیٹھے ہیں رہگزر پہ ہم، غیر ہمیں اُٹھائے کیوں

جب وہ جمالِ دل فروز صورتِ مہرِ نیم روز
آپ ہی ہو نظارہ سوز پردے میں مُنھ چھپائے کیوں

دُشنۂ غمزہ جاں سِتاں، ناوَکِ ناز بے پناہ
تیرا ہی عکسِ رُخ سہی سامنے تیرے آئے کیوں

قیدِ حیات و بندِ غم اصل میں دونوں ایک ہیں
موت سے پہلے آدمی غم سے نَجات پائے کیوں

حُسن اور اُس پہ حُسنِ ظن، رہ گئی بُوالہوس کی شرم
اپنے پہ اِعتماد ہے غیر کو آزمائے کیوں

واں وہ غرورِ عزّ و ناز، یاں یہ حجابِ پاسِ وضع
راہ میں ہم ملیں کہاں، بزم میں وہ بُلائے کیوں

ہاں وہ نہیں خُدا پرست، جاؤ وہ بے وفا سہی!
جس کو ہو دین و دل عزیز اُس کی گلی میں جائے کیوں

غالبِ خستہ کے بغیر کون سے کام بند ہیں
روئیے زار زار کیا، کیجیے ہائے ہائے کیوں؟

غنچۂ ناشگفتہ کو دُور سے مت دِکھا، کہ یُوں،

بوسے کو پُوچھتا ہُوں میں مُنہ سے مجھے بتا، کہ یُوں

پُرسشِ طرزِ دلبری کیجیے کیا کہ بِن کہے

اُس کے ہر اک اِشارے سے نکلے ہے یہ ادا، کہ یُوں

رات کے وقت مَے پیے، ساتھ رقیب کو لیے

آئے وہ یاں خدا کرے، پر نہ کرے خدا، کہ یُوں

غیر سے رات کیا بنی، یہ جو کہا تو دیکھیے

سامنے آن بیٹھنا اور یہ دیکھنا، کہ یُوں

بزم میں اُس کے رُو برُو کیوں نہ خموش بیٹھیے

اُس کی تو خامشی میں بھی ہے یہی مُدّعا، کہ یُوں

میں نے کہا کہ بزمِ ناز چاہیے غیر سے تہی

سُن کے سِتم ظریف نے مُجھ کو اُٹھا دیا، کہ یُوں؟

مُجھ سے کہا جو یار نے جاتے ہیں ہوش کس طرح؟

دیکھ کے میری بے خُودی چلنے لگی ہَوا، کہ یُوں

کب مجھے کوئے یار میں رہنے کی وضع یاد تھی
آئنہ دار بن گئی حیرتِ نقشِ پا، کہ یوں

گر ترے دل میں ہو خیال، وصل میں شوق کا زوال
موج، محیطِ آب میں مارے ہے دست و پا، کہ یوں

جو یہ کہے کہ ریختہ کیوں کہ ہو رشکِ فارسی
گفتۂ غالب ایک بار پڑھ کے اُسے سنا کہ یوں

(و)

حسد سے دل اگر افسردہ ہے، گرمِ تماشا ہو
کہ چشمِ تنگ شاید کثرتِ نظّارہ سے وا ہو

بہ قدرِ حسرتِ دل، چاہیے ذوقِ معاصی بھی
بھروں یک گوشۂ دامن، گر آبِ ہفت دریا ہو

اگر وہ سروِ قد، گرمِ خرامِ ناز آ جاوے
کفِ ہر خاکِ گلشن، شکلِ قُمری، نالہ فرسا ہو

کعبے میں جا رہا، تو نہ دو طعنہ، کیا کہیں
بُھولا ہُوں حقِّ صُحبتِ اہلِ کُنِشت کو؟

طاعت میں تا، رہے نہ مے و انگبیں کی لاگ
دوزخ میں ڈال دو کوئی لے کر بہشت کو

ہُوں مُنحرِف نہ کیوں رہ و رسمِ ثواب سے
ٹیڑھا لگا ہے قط قلمِ سر نوشت کو

غالبؔ کچھ اپنی سعی سے لہنا نہیں مجھے
خرمن جلے، اگر نہ مَلخ کھائے کِشت کو

وارستہ اِس سے ہیں کہ محبّت ہی کیوں نہ ہو
کیجے ہمارے ساتھ، عداوت ہی کیوں نہ ہو

چھوڑا نہ مجھ میں ضُعف نے رنگ اِختلاط کا
ہے دِل پہ بار، نقشِ محبّت ہی کیوں نہ ہو

ہے مُجھ کو تجُھ سے تذکرۂ غیر کا گلہ
ہرچند بر سبیلِ شکایت ہی کیوں نہ ہو
پیدا ہُوئی ہے، کہتے ہیں، ہر درد کی دوا
یُوں ہو تو چارۂ غمِ اُلفت ہی کیوں نہ ہو
ڈالا نہ بیکسی نے کسی سے مُعاملہ
اپنے سے کھینچتا ہُوں خجالت ہی کیوں نہ ہو
ہے آدمی بجائے خُود اِک محشرِ خیال
ہم انجُمن سمجھتے ہیں، خلوت ہی کیوں نہ ہو
ہنگامۂ زبُونیٔ ہمّت ہے اِنفعال
حاصل نہ کیجے دہر سے، عبرت ہی کیوں نہ ہو
وارستگی بہانۂ بیگانگی نہیں
اپنے سے کر، نہ غیر سے، وحشت ہی کیوں نہ ہو
مِٹتا ہے فوتِ فرُصتِ ہستی کا غم کوئی؟
عُمرِ عزیز صَرفِ عبادت ہی کیوں نہ ہو
اُس فتنہ خُو کے دَر سے اب اُٹھتے نہیں اسدؔ
اِس میں ہمارے سر پہ قیامت ہی کیوں نہ ہو

قفس میں ہُوں، گر اچھّا بھی نہ جانیں میرے شیون کو
مرا ہونا بُرا کیا ہے نوا سنجانِ گلشن کو

نہیں گر ہمدمی آساں، نہ ہو، یہ رشک کیا کم ہے
نہ دی ہوتی خُدایا آرزُوئے دوست، دُشمن کو

نہ نکلا آنکھ سے تیری اِک آنسو اُس جراحت پر
کیا سینے میں جس نے خونچکاں مژگانِ سوزن کو

خُدا شرمائے ہاتھوں کو کہ رکھتے ہیں کشاکش میں
کبھی میرے گریباں کو کبھی جاناں کے دامن کو

ابھی ہم قتل گہ کا دیکھنا آساں سمجھتے ہیں
نہیں دیکھا شناور جُوئے خُوں میں تیرے توسن کو

ہُوا چرچا جو میرے پاؤں کی زنجیر بننے کا
کیا بے تاب کاں میں جنبشِ جوہر نے آہن کو

خُوشی کیا، کھیت پر میرے اگر سو بار ابر آئے
سمجھتا ہُوں کہ ڈھونڈے ہے ابھی سے برق خرمن کو

وفاداری بشرطِ اُستواری، اصلِ ایماں ہے
مَرے بُت خانے میں تو کعبے میں گاڑو برہمن کو

شہادت تھی مری قسمت میں، جو دی تھی یہ خُو مجھ کو
جہاں تلوار کو دیکھا، جُھکا دیتا تھا گردن کو

نہ لُٹتا دِن کو تو کب رات کو یُوں بے خبر سوتا
رہا کھٹکا نہ چوری کا دُعا دیتا ہوں رہزن کو

سُخن کیا کہ نہیں سکتے کہ جویا ہُوں جواہر کے
جگر کیا ہم نہیں رکھتے کہ کھودیں جا کے معدن کو؟

مِرے شاہِ سُلیماں جاہ سے نسبت نہیں غالبؔ
فریدُون و جم و کیخسُرو و داراب و بہمن کو

دھوتا ہوں جب مَیں پینے کو اُس سیم تن کے پانوٗ[1]
رکھتا ہے ضِد سے، کھینچ کے باہر لگن کے پانوٗ

دی سادگی سے جان، پڑوں کوہکن کے پانوٗ
ہیہات! کیوں نہ ٹوٹ گئے پیرزن کے پانوٗ

[1] پاؤں، پانْوں، پانوٗ

بھاگے تھے ہم بہُت، سو اُسی کی سزا ہے یہ
ہو کر اسیر دابتے ہیں راہ زن کے پانوٗ

مرہم کی جُستجُو میں پھرا ہُوں جو دُور دُور
تن سے سِوا فِگار ہیں اِس خستہ تن کے پانوٗ

اللہ رے ذوقِ دشت نوَردی، کہ بعدِ مرگ
ہِلتے ہیں خود بخُود مِرے اندر کفن کے پانوٗ

ہے جوشِ گُل بہار میں یاں تک کہ ہر طرف
اُڑتے ہوئے، اُلجھتے ہیں مُرغِ چمن کے پانوٗ

شب کو کسی کے خواب میں آیا نہ ہو کہیں
دُکھتے ہیں آج اُس بُتِ نازک بدن کے پانوٗ

غالبؔ! مِرے کلام میں کیوں کر مزہ نہ ہو
پِیتا ہُوں دھو کے خُسرَوِ شیریں سُخن کے پانوٗ

واں اُس کو ہولِ دِل ہے، تو یاں میں ہُوں شرمسار
یعنی، یہ میری آہ کی تاثیر سے نہ ہو

اپنے کو دیکھتا نہیں، ذوقِ ستم تو دیکھ
آئینہ تا کہ دیدۂ نخچیر سے نہ ہو

واں پہنچ کر جو غش آتا پئے ہم ہے ہم کو
صد رہ آہنگِ زمیں بوسِ قدم ہے ہم کو
دِل کو میں اور مجھے دِل محوِ وفا رکھتا ہے
کس قدر ذوقِ گرفتارئ ہم ہے ہم کو
ضُعف سے نقشِ پئے مور ہے طوقِ گردن
تیرے کوچے سے کہاں طاقتِ رم ہے ہم کو

جان کر کیجے تغافُل کہ کُچھ اُمّید بھی ہو

یہ نگاہِ غلط انداز تو سم ہے ہم کو

رشکِ ہم طرحی و دردِ اثرِ بانگِ حزیں

نالۂ مُرغِ سحَر تیغِ دو دم ہے ہم کو

سر اُڑانے کے جو وعدے کو مُکرّر چاہا

ہنس کے بولے کہ ترے سر کی قسم ہے ہم کو

دِل کے خُوں کرنے کی کیا وجہ، ولیکن ناچار

پاسِ بے رونقیٔ دیدہ اہم ہے ہم کو

تم وہ نازک کہ خموشی کو فُغاں کہتے ہو

ہم وہ عاجز کہ تغافُل بھی ستم ہے ہم کو

(ق)

لکھنؤ آنے کا باعث نہیں کُھلتا، یعنی

ہوسِ سیر و تماشا، سو وہ کم ہے ہم کو

مقطعِ سلسلۂ شوق نہیں ہے یہ شہر

عزمِ سیرِ نجف و طوفِ حرم ہے ہم کو

لیے جاتی ہے کہیں ایک توقُّع غالب

جادۂ رہ کششِ کافِ کرم ہے ہم کو

تُم جانو، تُم کو غیر سے جو رسم و راہ ہو
مُجھ کو بھی پُوچھتے رہو تو کیا گُناہ ہو

بچتے نہیں مُؤاخذۂ روزِ حشر سے
قاتل اگر رقیب ہے تو تُم گواہ ہو

کیا وہ بھی بے گنہ کُش و حق ناشناس ہیں
مانا کہ تم بشر نہیں، خُورشید و ماہ ہو

اُبھرا ہُوا نقاب میں ہے اُن کے ایک تار
مرتا ہُوں میں کہ یہ نہ کِسی کی نگاہ ہو

جب میکدہ چُھٹا تو پھر اب کیا جگہ کی قید
مسجد ہو، مدرسہ ہو، کوئی خانقاہ ہو

سُنتے ہیں جو بہِشت کی تعریف، سب دُرست
لیکن خُدا کرے وہ تِری جلوہ گاہ ہو

غالب بھی گر نہ ہو تو کُچھ ایسا ضرر نہیں
دُنیا ہو یارب اور مِرا بادشاہ ہو

گئی وہ بات کہ ہو گُفتگو تو کیونکر ہو
کہے سے کچھ نہ ہُوا، پھر کہو تو کیونکر ہو؟

ہمارے ذہن میں اِس فکر کا ہے نام وصال
کہ گر نہ ہو تو کہاں جائیں ہو تو کیونکر ہو

اَدب ہے اور یہی کشمکش تو کیا کیجے
حیا ہے اور یہی گومگو تو کیونکر ہو

تمھی کہو کہ گزارا صنم پرستوں کا
بُتوں کی ہو اگر ایسی ہی خو تو کیونکر ہو

اُلجھتے ہو تم اگر دیکھتے ہو آئینہ
جو تُم سے شہر میں ہوں ایک دو تو کیونکر ہو

جسے نصیب ہو روزِ سیاہ میرا سا
وہ شخص دن نہ کہے رات کو تو کیونکر ہو

ہمیں پھر اُن سے اُمید اور انھیں ہماری قدر
ہماری بات ہی پُوچھیں نہ وہ[1] تو کیونکر ہو

[1] وہ

غلط نہ تھا ہمیں خط پر گماں تسلّی کا
نہ مانے دیدۂ دیدار جو تو کیونکر ہو

بتاؤ، اُس مژہ کو دیکھ کر، کہ مجھ کو قرار
یہ نیش ہو رگِ جاں میں فرو تو کیونکر ہو

مجھے جنُوں نہیں غالب ولے بہ قولِ حضُور[1]
"فراقِ یار میں تسکین ہو تو کیونکر ہو"

کسی کو دے کے دِل کوئی نوا سنجِ فغاں کیوں ہو
نہ ہو جب دِل ہی سینے میں تو پھر مُنھ میں زباں کیوں ہو

وہ اپنی خُو نہ چھوڑیں گے، ہم اپنی وضع کیوں چھوڑیں
سُبک سر بن کے کیا پوچھیں کہ ہم سے سرگراں کیوں ہو

کِیا غم خوار نے رُسوا، لگے آگ اِس محبّت کو
نہ لاوے تاب جو غم کی وہ میرا رازداں کیوں ہو

وفا کیسی، کہاں کا عشق، جب سر پھوڑنا ٹھہرا
تو پھر، اے سنگدِل، تیرا ہی سنگِ آستاں کیوں ہو

[1]. بہادر شاہ ظفر

قفس میں مجھ سے رُودادِ چمن کہتے نہ ڈر ہمدم
گری ہے جس پہ کل بجلی، وُہ میرا آشیاں کیوں ہو

یہ کہہ سکتے ہو، ہم دِل میں نہیں ہیں، پر یہ بتلاؤ
کہ جب دِل میں تمھی تم ہو تو آنکھوں سے نہاں کیوں ہو

غلط ہے جذبِ دِل کا شکوہ، دیکھو جُرم کس کا ہے؟
نہ کھینچو گر تم اپنے کو کشاکش درمیاں کیوں ہو

یہ فتنہ آدمی کی خانہ ویرانی کو کیا کم ہے
ہُوئے تم دوست جس کے، دشمن اُس کا آسماں کیوں ہو

یہی ہے آزمانا، تو ستانا کس کو کہتے ہیں؟
عدُو کے ہو لیے جب تم تو میرا امتحاں کیوں ہو

کہا تم نے کہ کیوں ہو غیر کے ملنے میں رُسوائی
بجا کہتے ہو، سچ کہتے ہو، پھر کہیو کہ ہاں کیوں ہو

نکالا چاہتا ہے کام کیا طعنوں سے تو غالبؔ
ترے بے مہر کہنے سے وہ تجھ پر مہرباں کیوں ہو

رہیے اب ایسی جگہ چل کر جہاں کوئی نہ ہو
ہم سُخَن کوئی نہ ہو اور ہم زباں کوئی نہ ہو

بے در و دیوار سا اِک گھر بنایا چاہیے
کوئی ہمسایہ نہ ہو اور پاسباں کوئی نہ ہو

پڑیے گر بیمار تو کوئی نہ ہو تیماردار
اور اگر مَر جائیے تو نوحہ خواں کوئی نہ ہو

(۷)

از مہر تا بہ ذرّہ دِل و دِل ہے آئنہ
طُوطی کو شَش جِہت سے مُقابِل ہے آئنہ

ہے سبزہ زار ہر دَر و دیوارِ غمکدہ
جس کی بہار یہ ہو پھر اُس کی خزاں نہ پُوچھ

ناچار بیکسی کی بھی حسرت اُٹھائیے
دُشوارئ رہ و سِتَمِ ہمرہاں نہ پُوچھ

(ی)

صد جلوہ رُو بہ رُو ہے، جو مِژگاں اُٹھائیے
طاقت کہاں کہ دید کا اِحساں اُٹھائیے

ہے سنگ پر براتِ مَعاشِ جُنُونِ عشق
یعنی ہَنُوز مِنّتِ طفلاں اُٹھائیے

دیوار بارِ مِنّتِ مزدُور سے ہے خم
اے خانماں خراب نہ اِحساں اُٹھائیے

یا میرے زخمِ رشک کو رُسوا نہ کیجیے
یا پردۂ تبسُّمِ پنہاں اُٹھائیے

مسجد کے زیرِ سایہ خرابات چاہیے
بھوں پاس آنکھ، قبلۂ حاجات چاہیے

عاشق ہُوئے ہیں آپ بھی اِک اور شخص پر
آخر سِتم کی کچھ تو مُکافات چاہیے

دے داد اے فلک دلِ حسرت پرست کی
ہاں کچھ نہ کچھ تلافیٔ مافات چاہیے

سِیکھے ہیں مہ رُخوں کے لیے ہم مُصوّری
تقریب کچھ تو بہرِ مُلاقات چاہیے

مے سے غرض نشاط ہے کس رُوسیاہ کو
اِک گُونہ بیخودی مجھے دِن رات چاہیے

ہے رنگِ لالہ و گُل و نسریں جُدا جُدا
ہر رنگ میں بہار کا اِثبات چاہیے

(ق)
سر پائے خُم پہ چاہیے ہنگامِ بے خُودی
رُو سُوئے قبلہ وقتِ مُناجات چاہیے

یعنی بہ حسبِ گردشِ پیمانۂ صِفات
عارِف ہمیشہ مستِ مئے ذات چاہیے
نشو و نما ہے اصل سے غالبؔ فروع کو
خاموشی ہی سے نکلے ہے، جو بات چاہیے

بِساطِ عجز میں تھا ایک دِل، یک قطرہ خُوں وہ بھی
سو رہتا ہے بہ اندازِ چکیدن سرنگوں وُہ بھی
رہے اُس شوخ سے آزُردہ ہم چندے تکلُّف سے
تکلّف برطرف، تھا ایک اندازِ جُنوں وُہ بھی
خیالِ مرگ کب تسکیں دِلِ آزُردہ کو بخشے
مِرے دامِ تمنّا میں ہے اِک صیدِ زبُوں وُہ بھی
نہ کرتا کاش نالہ، مُجھ کو کیا معلُوم تھا ہمدم
کہ ہوگا باعثِ افزائشِ دردِ درُوں وُہ بھی
نہ اِتنا بُرّشِ تیغِ جفا پر ناز فرماؤ
مِرے دریائے بے تابی میں ہے اِک موجِ خُوں وُہ بھی

مئے عشرت کی خواہش ساقیٔ گردوں سے کیا کیجے
لیے بیٹھا ہے اک دو چار جامِ واژگوں وہ بھی

مرے دل میں ہے غالبؔ شوقِ وصل و شکوۂ ہجراں
خدا وہ دن کرے، جو اُس سے میں یہ بھی کہوں، وہ بھی

ہے بزمِ بُتاں میں سُخن آزردہ لبوں سے
تنگ آئے ہیں ہم، ایسے خوشامد طلبوں سے

ہے دَورِ قدح وجہِ پریشانیٔ صہبا
یک بار لگا دو خُمِ مئے میرے لبوں سے

رندانِ درِ میکدہ گُستاخ ہیں زاہد
زنہار نہ ہونا طرف اِن بے ادبوں سے

بیدادِ وفا دیکھ کر جاتی رہی آخر
ہر چند مری جان کو تھا ربط لبوں سے

تا، ہم کو شکایت کی بھی باقی نہ رہے جا
سُن لیتے ہیں، گو ذکر ہمارا نہیں کرتے
غالبؔ ترا احوال سُنا دیں گے ہم اُن کو
وہ سُن کے بُلا لیں، یہ اِجارا نہیں کرتے

گھر میں تھا کیا، کہ ترا غم اُسے غارت کرتا
وہ جو رکھتے تھے ہم اِک حسرتِ تعمیر، سو ہے

غمِ دُنیا سے گر پائی بھی فُرصت سر اُٹھانے کی
فلک کا دیکھنا تقریب تیرے یاد آنے کی
کُھلے گا کس طرح مضموں مِرے مکتوب کا، یارب!
قسم کھائی ہے اُس کافِر نے کاغذ کے جلانے کی

لپٹنا پرنیاں میں شعلۂ آتش کا آساں ہے
ولے مُشکل ہے حکمت دِل میں سوزِ غم چھُپانے کی

اُنھیں منظور اپنے زخمیوں کا دیکھ آنا تھا
اُٹھے تھے سیرِ گُل کو دیکھنا شوخی بہانے کی

ہماری سادگی تھی اِلتفاتِ ناز پر مرنا
ترا آنا نہ تھا ظالم مگر تمہید جانے کی

لکد کوبِ حوادِث کا تحمُّل کر نہیں سکتی
مِری طاقت کہ ضامن تھی بُتوں کے ناز اُٹھانے کی

کہوں کیا خوبیٔ اوضاعِ ابنائے زماں غالبؔ
بدی کی اُس نے جس سے ہم نے کی تھی بارہا نیکی

حاصِل سے ہاتھ دھو بیٹھ، اے آرزو خرامی
دِل جوشِ گریہ میں ہے ڈُوبی ہُوئی اسامی

اُس شمع کی طرح سے جس کو کوئی بُجھا دے
میں بھی جلے ہُوؤں میں ہُوں داغِ ناتمامی

کیا تنگ ہم ستم زدگاں کا جہان ہے
جس میں کہ ایک بیضۂ مُور آسمان ہے

ہے کائنات کو حرکت تیرے ذوق سے
پر تو سے آفتاب کے ذرّے میں جان ہے

حالانکہ ہے یہ سیلئ خارا سے لالہ رنگ
غافل کو میرے شیشے پہ مے کا گمان ہے

کی اُس نے گرم سینۂ اہلِ ہوس میں جا
آوے نہ کیوں پسند کہ ٹھنڈا مکان ہے

کیا خوب، تم نے غیر کو بوسہ نہیں دیا؟
بس چپ رہو ہمارے بھی مُنھ میں زبان ہے

بیٹھا ہے جو کہ سایۂ دیوارِ یار میں
فرماں روائے کشورِ ہندوستان ہے

ہستی کا اِعتبار بھی غم نے مٹا دیا
کِس سے کہوں کہ داغ جگر کا نشان ہے

ہے بارے اِعتمادِ وفاداری اِس قدر
غالبؔ ہم اِس میں خُوش ہیں کہ نامہرباں ہے

دردسے میرے ہے تجھ کو بے قراری ہائے ہائے
کیا ہُوئی ظالم تری غفلت شعاری ہائے ہائے

تیرے دِل میں گر نہ تھا آشوبِ غم کا حوصلہ
تُو نے پھر کیوں کی تھی میری غمگساری ہائے ہائے

کیوں مری غم خوارگی کا تُجھ کو آیا تھا خیال
دُشمنی اپنی تھی میری دوستداری ہائے ہائے

عُمر بھر کا تُو نے پیمانِ وفا باندھا تو کیا
عُمر کو بھی تو نہیں ہے پائیداری ہائے ہائے

زہر لگتی ہے مجھے آب و ہوائے زندگی
یعنی تجھ سے تھی اِسے ناسازگاری ہائے ہائے

گُل فِشانی ہائے نازِ جلوہ کو کیا ہوگیا
خاک پر ہوتی ہے تیری لالہ کاری ہائے ہائے

شرمِ رُسوائی سے جا چھُپنا نِقابِ خاک میں
ختم ہے اُلفت کی تجھ پر پردہ داری ہائے ہائے

خاک میں نامُوسِ پیمانِ محبّت مِل گئی
اُٹھ گئی دُنیا سے راہ و رسمِ یاری ہائے ہائے

ہاتھ ہی تیغ آزما کا کام سے جاتا رہا
دِل پہ اک لگنے نہ پایا زخمِ کاری ہائے ہائے

کِس طرح کاٹے کوئی شب ہائے تارِ برشکال
ہے نظر خُو کردۂ اختر شماری ہائے ہائے

گوش مہجُورِ پیام و چشم محرُومِ جمال
ایک دِل، تِس پر یہ نااُمّیدواری ہائے ہائے

عشق نے پکڑا نہ تھا، غالب! ابھی وحشت کا رنگ
رہ گیا، تھا دل میں جو کچھ ذوقِ خواری ہائے ہائے

سرگشتگی میں عالَمِ ہستی سے یاس ہے
تسکیں کو دے نوید کہ مرنے کی آس ہے

لیتا نہیں مِرے دلِ آوارہ کی خبر
اب تک وہ جانتا ہے کہ میرے ہی پاس ہے

کیجے بیاں سُرُورِ تبِ غم کہاں تلک
ہر مُو مِرے بدن پہ زبانِ سپاس ہے

ہے وہ غرُورِ حُسن سے بیگانۂ وفا
ہر چند اُس کے پاس دلِ حق شناس ہے

پی جس قدر ملے، شبِ مہتاب میں شراب
اِس بلغمی مِزاج کو گرمی ہی راس ہے

ہر اِک مکان کو ہے مکیں سے شرف اسدؔ
مجنوُں جو مر گیا ہے تو جنگل اُداس ہے

گر خامُشی سے فائدہ اِخفائے حال ہے
خُوش ہُوں کہ میری بات سمجھنی مُحال ہے

کِس کو سُناؤں حسرتِ اِظہار کا گِلہ
دِل فردِ جمع و خرجِ زباں ہائے لال ہے

کِس پردے میں ہے آئنہ پرداز اے خُدا
رحمت کہ عُذر خواہِ لبِ بے سوال ہے

ہے ہے! خدا نخواستہ وہ اور دشمنی؟
اے شوقِ منفعل! یہ تجھے کیا خیال ہے

مشکیں لباسِ کعبہ علی کے قدم سے جان
نافِ زمین ہے نہ کہ نافِ غزال ہے

وحشت پہ میری عرصۂ آفاق تنگ تھا
دریا زمین کو عرقِ انفعال ہے

ہستی کے مت فریب میں آجائیو اسدؔ
عالم تمام حلقۂ دامِ خیال ہے

تُم اپنے شِکوے کی باتیں نہ کھود کھود کے پُوچھو
حَذر کرو مِرے دِل سے کہ اِس میں آگ دبی ہے

دِلا یہ درد و الَم بھی تو مُغتنَم ہے کہ آخر
نہ گریۂ سَحَری ہے نہ آہِ نیم شبی ہے

ایک جا حرفِ وفا لِکّھا تھا، سو بھی مِٹ گیا
ظاہرًا کاغذ ترے خط کا، غلَط بردار ہے
جی جلے ذوقِ فنا کی ناتمامی پر نہ کیوں
ہم نہیں جلتے، نفَس ہر چند آتشبار ہے
آگ سے پانی میں بُجھتے وقت اُٹھتی ہے صدا
ہر کوئی درماندگی میں نالے سے ناچار ہے

ہے وہی بدمستیٔ ہر ذرّہ کا خود عُذر خواہ
جس کے جلوے سے زمیں تا آسماں سرشار ہے

مُجھ سے مت کہ "تو ہمیں کہتا تھا اپنی زندگی"
زندگی سے بھی مرا جی اِن دِنوں بیزار ہے

آنکھ کی تصویر سرنامے پہ کھینچی ہے کہ تا
تُجھ پہ کُھل جاوے کہ اِس کو حسرتِ دیدار ہے

پینَس میں گزرتے ہیں جو کُوچے سے وہ میرے
کندھا بھی کہاروں کو بدلنے نہیں دیتے

مری ہستی فضائے حیرت آبادِ تمنّا ہے
جسے کہتے ہیں نالہ وُہ اِسی عالم کا عَنقا ہے

خزاں کیا، فصلِ گُل کہتے ہیں کس کو، کوئی موسم ہو
وُہی ہم ہیں، قفس ہے، اور ماتم بال و پر کا ہے

وفائے دلبراں ہے اِتّفاقی، ورنہ اے ہمدم
اثر فریادِ دل ہائے حزیں کا کس نے دیکھا ہے

نہ لائی شوخیٔ اندیشہ تابِ رنجِ نومیدی
کفِ افسوس مَلنا عہدِ تجدیدِ تمنّا ہے

رحم کر ظالم کہ کیا بُودِ چراغِ کُشتہ ہے
نبضِ بیمارِ وفا دُودِ چراغِ کُشتہ ہے

دل لگی کی آرزُو بے چین رکھتی ہے ہمیں
ورنہ یاں بے رونَقی سُودِ چراغِ کُشتہ ہے

چشمِ خُوباں خامُشی میں بھی نوَا پرداز ہے
سُرمہ، تُو کہوے کہ، دُودِ شُعلۂ آواز ہے

پیکرِ عُشّاق سازِ طالِعِ ناساز ہے
نالہ گویا گردشِ سیّارہ کی آواز ہے

دستگاہِ دیدۂ خُوں بارِ مجنُوں دیکھنا
یک بیاباں جلوۂ گُل، فرشِ پا انداز ہے

عِشق مُجھ کو نہیں، وحشت ہی سہی
میری وحشت، تِری شُہرت ہی سہی
قطع کیجے نہ تعلُّق ہم سے
کچُھ نہیں ہے تو عداوت ہی سہی

میرے ہونے میں ہے کیا رُسوائی
اے ! وُہ مجلس نہیں خلوت ہی سہی

ہم بھی دشمن تو نہیں ہیں اپنے
غیر کو تجُھ سے محبّت ہی سہی

اپنی ہستی ہی سے ہو، جو کچھ ہو
آگہی گر نہیں غفلت ہی سہی

عُمر ہر چند کہ ہے برق خرام
دِل کے خُوں کرنے کی فرُصت ہی سہی

ہم کوئی ترکِ وفا کرتے ہیں؟
نہ سہی عشق، مُصیبت ہی سہی

کچُھ تو دے اے فلکِ ناانصاف
آہ و فریاد کی رُخصت ہی سہی

ہم بھی تسلیم کی خُو ڈالیں گے
بے نیازی تِری عادت ہی سہی

یار سے چھیڑ چلی جائے اسدؔ
گر نہیں وصل تو حسرت ہی سہی

ہے آرمیدگی میں نکوہش بجا مجھے
صُبحِ وطن ہے خندۂ دنداں نُما مجھے

ڈھُونڈے ہے اُس مغنّیِ آتش نفس کو جی
جس کی صدا ہو جلوۂ برقِ فنا مجھے

مستانہ طے کرُوں ہُوں رہِ وادیِ خیال
تا، بازگشت سے نہ رہے مُدّعا مجھے

کرتا ہے بسکہ باغ میں تُو بے حجابیاں
آنے لگی ہے نکہتِ گُل سے حیا مجھے

کھُلتا کسی پہ کیوں مرے دِل کا مُعاملہ
شعروں کے اِنتخاب نے رُسوا کیا مجھے

زندگی اپنی جب اِس شکل سے گزُری غالبؔ
ہم بھی کیا یاد کریں گے کہ خُدا رکھتے تھے!

اُس بزم میں مجھے نہیں بنتی حیا کیے
بیٹھا رہا، اگرچہ اِشارے ہُوا کیے
دِل ہی تو ہے، سیاستِ درباں سے ڈر گیا
میں اور جاؤں در سے ترے بِن صدا کیے؟
رکھتا پھُروں ہُوں خرقہ و سجّادہ رہنِ مَے
مُدّت ہُوئی ہے دعوتِ آب و ہوا کیے
بے صَرفہ ہی گزُرتی ہے، ہو گرچہ عُمرِ خضر
حضرت بھی کل کہیں گے کہ ہم کیا کیا کیے
مقدُور ہو تو خاک سے پُوچھوں کہ اے لئیم
تُو نے وہ گنج ہائے گراں مایہ کیا کیے

کِس روز تُہمتیں نہ تراشا کِیے عَدُو
کِس دِن ہمارے سر پہ نہ آرے چلا کیے

صُحبت میں غیر کی نہ پڑی ہو کہیں یہ خُو
دینے لگا ہے بوسہ بغیرِ التجا کیے

ضِد کی ہے اور بات مگر خُو بُری نہیں
بُھولے سے اُس نے سینکڑوں وعدے وفا کیے

غالِب تُمھیں کہو کہ مِلے گا جواب کیا
مانا کہ تم کہا کیے اور وہ سُنا کیے

رفتارِ عُمر قطعِ رہِ اِضطراب ہے
اِس سال کے حساب کو برق آفتاب ہے

مِینائے مے ہے سروِ نَشاطِ بہارِ مے
بالِ تَدَرْو جلوۂ موجِ شراب ہے

زخمی ہُوا ہے پاشنہ پائے ثَبات کا
نے بھاگنے کی گوں نہ اِقامت کی تاب ہے

جا دادِ بادہ نوشیِ رِنداں ہے شش جہت

غافِل گمُان کرے ہے کہ گیتی خراب ہے

نظّارہ کیا حریف ہو اُس برقِ حُسن کا

جوشِ بہار جلوے کو جس کے نقاب ہے

میں نامُرادِ دِل کی تسلّی کو کیا کروں

مانا کہ تیرے رُخ سے نِگہ کامیاب ہے

گزُرا اسدؔ مسرّتِ پیغامِ یار سے

قاصِد پہ مجُھ کو رشکِ سوال و جواب ہے

دیکھنا قسمت کہ آپ اپنے پہ رشک آجائے ہے

میں اُسے دیکھوں، بھلا کب مجُھ سے دیکھا جائے ہے

ہاتھ دھو دِل سے، یہی گرمی گر اندیشے میں ہے

آبگینہ تُندیِ صہبا سے پِگھلا جائے ہے

غیر کو یارب، وہ کیوں کر منعِ گُستاخی کرے

گر حیا بھی اُس کو آتی ہے تو شرما جائے ہے

شوق کو یہ لَت کہ ہر دم نالہ کھینچے جائیے
دِل کی وُہ حالت کہ دم لینے سے گھبرا جائے ہے

دُور چشمِ بد تری بزمِ طرَب سے ، واہ واہ
نغمہ ہو جاتا ہے واں گر نالہ میرا جائے ہے

گرچہ ہے طرزِ تغافُل پردہ دارِ رازِ عشق
پر ہم ایسے کھوئے جاتے ہیں کہ وُہ پا جائے ہے

اُس کی بزم آرائیاں سُن کر دِلِ رنجُور، یاں
مثلِ نقشِ مُدّعائے غیر بیٹھا جائے ہے

ہو کے عاشق وہ پری رُخ اور نازک بن گیا
رنگ کُھلتا جائے ہے جتنا کہ اُڑتا جائے ہے

نقش کو اُس کے، مُصوِّر پر بھی کیا کیا ناز ہیں
کھینچتا ہے جس قدر اُتنا ہی کِھنچتا جائے ہے

سایہ میرا مجھ سے مثلِ دُود بھاگے ہے اسدؔ
پاس مجھ آتش بجاں کے کس سے ٹھہرا جائے ہے

گرمِ فریاد رکھا شکلِ نہالی نے مجھے
تب اماں ہجر میں دی بردِ لیالی نے مجھے

نسیہ و نقدِ دو عالم کی حقیقت معلوم
لے لیا مجھ سے، مری ہمّتِ عالی نے مجھے

کثرت آرائیٔ وحدت ہے پرستاریٔ وہم
کر دیا کافر ان اصنامِ خیالی نے مجھے

ہوسِ گُل کا تصوُّر میں بھی کھٹکا نہ رہا
عجب آرام دیا بے پَر و بالی نے مجھے

کارگاہِ ہستی میں لالہ داغ ساماں ہے
برقِ خرمنِ راحت خُونِ گرمِ دہقاں ہے

غنچہ تا شُگفتن ہا برگِ عافیت معلُوم
باوجُودِ دل جمعی خوابِ گُل پریشاں ہے

ہم سے رنجِ بیتابی کس طرح اُٹھایا جائے
داغ پشتِ دستِ عجز، شعلہ خس بدنداں ہے

اُگ رہا ہے دَر و دیوار سے سبزہ غالب
ہم بیاباں میں ہیں اور گھر میں بہار آئی ہے

سادگی پر اُس کی مر جانے کی حسرت دِل میں ہے
بس نہیں چلتا کہ پھر خنجر کفِ قاتل میں ہے

دیکھنا تقریر کی لذّت کہ جو اُس نے کہا
میں نے یہ جانا کہ گویا یہ بھی میرے دِل میں ہے

گرچہ ہے کِس کِس بُرائی سے ولے با ایں ہمہ
ذِکر میرا مجھ سے بہتر ہے کہ اُس محفل میں ہے

بس ہجُومِ نا اُمیدی، خاک میں مِل جائے گی
یہ جو اِک لذّت ہماری سَعیِ بے حاصِل میں ہے

رنج رہ کیوں کھینچیے، واماندگی کو عشق ہے
اُٹھ نہیں سکتا ہمارا جو قدم، منزل میں ہے

جلوہ زارِ آتشِ دوزخ ہمارا دِل سہی
فتنۂ شورِ قیامت کِس کی آب و گِل میں ہے؟

ہے دِلِ شوریدۂ غالبؔ طِلسمِ پیچ و تاب
رحم کر اپنی تمنّا پر کہ کِس مشکل میں ہے

دِل سے تری نِگاہ جگر تک اُتر گئی
دونوں کو اِک ادا میں رضامند کر گئی

شق ہو گیا ہے سینہ، خوشا لذّتِ فراغ
تکلیفِ پردہ داریٔ زخمِ جگر گئی

وہ بادۂ شبانہ کی سرمستیاں کہاں
اُٹھیے بس اب کہ لذّتِ خوابِ سحر گئی

اُڑتی پھرے ہے خاک مری کُوئے یار میں
بارے اب اے ہَوا! ہوسِ بال و پَر گئی

دیکھو تو دِل فریبیٔ اندازِ نقشِ پا
موجِ خرامِ یار بھی کیا گُل کتر گئی

ہر بُو الہوس نے حُسن پرستی شعار کی
اب آبروئے شیوۂ اہلِ نظر گئی

نظّارے نے بھی کام کیا واں نقاب کا
مستی سے ہر نگہ ترے رُخ پر بکھر گئی

فردا و دی کا تفرِقہ یک بار مٹ گیا
کل تم گئے کہ ہم پہ قیامت گُزر گئی
مارا زمانے نے اسدُاللہ خاں تمھیں
وہ ولولے کہاں وہ جوانی کِدھر گئی

تسکیں کو ہم نہ روئیں جو ذوقِ نظر ملے
حُورانِ خُلد میں تری صُورت مگر ملے
اپنی گلی میں مُجھ کو نہ کر دفن بعدِ قتل
میرے پتے سے خلق کو کیوں تیرا گھر ملے
ساقی گری کی شرم کرو آج ، ورنہ ہم
ہر شب پیا ہی کرتے ہیں مے، جس قدر ملے
تُجھ سے تو کچُھ کلام نہیں لیکن اے ندیم
میرا سلام کہیو اگر نامہ بر ملے
تُم کو بھی ہم دِکھائیں کہ مجنوں نے کیا کیا
فُرصت کشاکشِ غمِ پنہاں سے گر ملے

لازم نہیں کہ خضر کی ہم پیروی کریں
جانا کہ اِک بزرگ ہمیں ہم سفر ملے
اے ساکنانِ کُوچۂ دِلدار! دیکھنا
تُم کو کہیں جو غالبِ آشُفتہ سر ملے

کوئی دِن گر زندگانی اور ہے
اپنے جی میں ہم نے ٹھانی اور ہے
آتشِ دوزخ میں یہ گرمی کہاں
سوزِ غمہائے نہانی اور ہے
بارہا دیکھی ہیں اُن کی رنجشیں
پر کچُھ اب کی سرگرانی اور ہے
دے کے خط مُنہ دیکھتا ہے نامہ بر
کچُھ تو پیغامِ زبانی اور ہے

قاطعِ اعمار ہیں اکثر نُجُوم
وہ بَلائے آسمانی اور ہے
ہو چکیں غالبؔ بَلائیں سب تمام
ایک مرگِ ناگہانی اور ہے

کوئی اُمّید بَر نہیں آتی
کوئی صُورت نظر نہیں آتی
موت کا ایک دِن مُعیّن ہے
نیند کیوں رات بھر نہیں آتی
آگے آتی تھی حالِ دِل پہ ہنسی
اب کِسی بات پر نہیں آتی
جانتا ہُوں ثوابِ طاعت و زُہد
پر طبیعت اِدھر نہیں آتی
ہے کُچھ ایسی ہی بات جو چُپ ہُوں
ورنہ کیا بات کر نہیں آتی

کیوں نہ چیخوں کہ یاد کرتے ہیں
میری آواز گر نہیں آتی

داغِ دل گر نظر نہیں آتا
بُو بھی اے چارہ گر نہیں آتی؟

ہم وہاں ہیں جہاں سے ہم کو بھی
کچھ ہماری خبر نہیں آتی

مرتے ہیں آرزو میں مرنے کی
موت آتی ہے پر نہیں آتی

کعبے کِس مُنھ سے جاؤ گے غالب
شرم تُم کو مگر نہیں آتی

دلِ ناداں تجھے ہُوا کیا ہے
آخر اِس درد کی دوا کیا ہے

ہم ہیں مُشتاق اور وُہ بیزار
یا الٰہی یہ ماجرا کیا ہے

میں بھی مُنہ میں زبان رکھتا ہُوں
کاش پُوچھو کہ مُدّعا کیا ہے

جب کہ تجُھ بِن نہیں کوئی موجُود (ق)
پھر یہ ہنگامہ اے خُدا کیا ہے

یہ پری چہرہ لوگ کیسے ہیں
غمزہ و عشوہ و ادا کیا ہے

شِکنِ زُلفِ عنبریں کیوں ہے
نِگہِ چشمِ سُرمہ سا کیا ہے

سبزہ و گُل کہاں سے آئے ہیں
ابر کیا چیز ہے، ہَوا کیا ہے

ہم کو اُن سے وفا کی ہے اُمّید
جو نہیں جانتے وفا کیا ہے

ہاں بھلا کر ترا بھلا ہو گا
اور درویش کی صدا کیا ہے

جان تُم پر نثار کرتا ہُوں
میں نہیں جانتا دُعا کیا ہے

میں نے مانا کہ کچُھ نہیں غالبؔ
مُفت ہاتھ آئے تو بُرا کیا ہے

کہتے تو ہو تُم سب کہ بُتِ غالیہ مو آئے
یک مرتبہ گھبرا کے کہو کوئی کہ وو[1] آئے

ہُوں کشمکشِ نزع میں ہاں جذبِ مَحبّت
کچُھ کہہ نہ سکوں پر وُہ مرے پُوچھنے کو آئے

ہے صاعِقہ و شُعلہ و سیماب کا عالَم
آنا ہی سمجھ میں مری آتا نہیں گو آئے

ظاہر ہے کہ گھبرا کے نہ بھاگیں گے نکیرین
ہاں مُنھ سے مگر بادۂ دوشینہ کی بو آئے

جلّاد سے ڈرتے ہیں نہ واعظ سے جھگڑتے
ہم سمجھے ہُوئے ہیں اُسے جس بھیس میں جو آئے

[1] وُہ

ہاں اہلِ طلب! کون سُنے طعنۂ نایافت
دیکھا کہ وُہ مِلتا نہیں، اپنے ہی کو کھو آئے

اپنا نہیں وُہ شیوہ کہ آرام سے بیٹھیں
اُس در پہ نہیں بار تو کعبے ہی کو ہو آئے

کی ہم نفسوں نے اثرِ گریہ میں تقریر
اچھّے رہے آپ اُس سے مگر مجھ کو ڈبو آئے

اُس انجمنِ ناز کی کیا بات ہے غالبؔ
ہم بھی گئے واں اور تِری تقدیر کو رو آئے

پھر کچھ اِک دِل کو بے قراری ہے
سینہ جُویائے زخمِ کاری ہے

پھر جگر کھودنے لگا ناخُن
آمدِ فصلِ لالہ کاری ہے

قبلۂ مقصدِ نگاہِ نیاز
پھر وُہی پردۂ عماری ہے

چشم دلّالِ جنسِ رُسوائی
دِل خریدارِ ذوقِ خواری ہے
وُہ[1] ہی صد رنگ نالہ فرسائی
وو ہی صد گونہ اشکباری ہے
دِل ہوائے خرامِ ناز سے پھر
محشرِستانِ بے قراری ہے
جلوہ پھر عرضِ ناز کرتا ہے
روزِ بازارِ جاں سپاری ہے
پھر اُسی بے وفا پہ مرتے ہیں
پھر وُہی زندگی ہماری ہے
(ق)
پھر کھُلا ہے درِ عدالتِ ناز
گرم بازارِ فوج داری ہے
ہو رہا ہے جہان میں اندھیر
زُلف کی پھر سرِشتہ داری ہے
پھر دِیا پارۂ جگر نے سوال
ایک فریاد و آہ وزاری ہے

ا۔ وہی

پھر ہُوئے ہیں گواہِ عشق طلب
اشک باری کا حُکم جاری ہے
دِل و مژگاں کا جو مُقدّمہ تھا
آج پھر اُس کی رُوبکاری ہے
بے خُودی بے سبب نہیں غالبؔ
کچُھ تو ہے جس کی پردہ داری ہے

جنُوں تُہمت کشِ تسکیں نہ ہو، گر شادمانی کی
نمک پاشِ خراشِ دِل ہے لذّت زندگانی کی

کشاکش ہائے ہستی سے کرے کیا سعیِ آزادی
ہُوئی زنجیر موجِ آب کو فرصت رَوانی کی

پس از مُردن بھی دیوانہ زیارت گاہِ طِفلاں ہے
شرارِ سنگ نے تُربت پہ میری، گُل فشانی کی

نکوہش ہے سزا فریادیٔ بیدادِ دلبر کی
مبادا خندۂ دنداں نما ہو صُبحِ محشر کی

رگِ لیلیٰ کو خاکِ دشتِ مجنوں ریشگی بخشے
اگر بووے بجائے دانہ دہقاں نوک نشتر کی

پرِ پروانہ شاید بادبانِ کشتیٔ مے تھا
ہُوئی مجلس کی گرمی سے روانی دَورِ ساغر کی

کروں بیدادِ ذوقِ پر فشانی عرض، کیا قدُرت
کہ طاقت اُڑ گئی، اُڑنے سے پہلے، میرے شہپر کی

کہاں تک روؤں اُس کے خیمے کے پیچھے، قیامت ہے!
مری قسمت میں یارب کیا نہ تھی دیوار پتھّر کی؟

بے اعتدالیوں سے سُبک سب میں ہم ہُوئے
جتنے زیادہ ہو گئے اُتنے ہی کم ہُوئے

پنہاں تھا دام سخت قریب آشیان کے
اُڑنے نہ پائے تھے کہ گرفتار ہم ہُوئے

ہستی ہماری اپنی فنا پر دلیل ہے
یاں تک مِٹے کہ آپ ہم اپنی قسَم ہُوئے

سختی کشانِ عشق کی پُوچھے ہے کیا خبر؟
وہ لوگ رفتہ رفتہ سراپا الَم ہُوئے

تیری وفا سے کیا ہو تلافی کہ دہر میں
تیرے سوا بھی ہم پہ بہُت سے سِتم ہُوئے

لِکھتے رہے جُنوں کی حکایاتِ خُوں چکاں
ہر چند اِس میں ہاتھ ہمارے قلم ہُوئے

اللہ رے تیری تُندیٔ خُو، جس کے بیم سے
اجزائے نالہ دِل میں مرے رِزقِ ہم ہُوئے

اہلِ ہوس کی فتح ہے ترکِ نبردِ عشق
جو پاؤں اُٹھ گئے وُہی اُن کے علَم ہُوئے

نالے عدَم میں چند ہمارے سپُرد تھے
جو واں نہ کھنچ سکے سو وہ یاں آ کے دم ہُوئے

چھوڑی اسدؔ نہ ہم نے گدائی میں دل لگی
سائل ہُوئے تو عاشقِ اہلِ کرم ہُوئے

جو نہ نقدِ داغِ دِل کی کرے شعلہ پاسبانی
تو فسُردگی نہاں ہے بہ کمینِ بے زبانی

مجُھے اُس سے کیا توقُّع بہ زمانۂ جوانی
کبھی کودکی میں جس نے نہ سُنی مری کہانی

یُونہی دُکھ کسی کو دینا نہیں خوُب ورنہ کہتا
کہ مِرے عَدُو کو یارب مِلے میری زندگانی

ظُلمت کدے میں میرے شبِ غم کا جوش ہے
اِک شمع ہے دلیلِ سحَر سو خموش ہے

نے مُژدۂ وصال نہ نظّارۂ جمال
مدّت ہوئی کہ آشتئ چشم و گوش ہے

مے نے کیا ہے حُسنِ خُود آرا کو بے حجاب
اے شوق یاں اِجازتِ تسلیمِ ہوش ہے

گوہر کو عِقدِ گردنِ خُوباں میں دیکھنا
کیا اوج پر ستارۂ گوہر فروش ہے

دیدار بادہ ، حوصلہ ساقی ، نگاہ مست
بزمِ خیال میکدۂ بے خروش ہے

(ق)
اے تازہ وارِدانِ بِساطِ ہوائے دِل
زِنہار اگر تمھیں ہوسِ نائے و نوش ہے

دیکھو مجھے، جو دیدۂ عبرت نگاہ ہو
میری سُنو، جو گوشِ نصیحت نیوش ہے
ساقی بہ جلوہ دُشمنِ ایمان و آگہی
مُطرِب بہ نغمہ رہزنِ تمکین و ہوش ہے
یا شب کو دیکھتے تھے کہ ہر گوشۂ بساط
دامانِ باغبان و کفِ گُل فروش ہے
لُطفِ خرامِ ساقی و ذوقِ صدائے چنگ
یہ جنّتِ نگاہ وہ فردوسِ گوش ہے
یا صُبح دم جو دیکھیے آکر تو بزم میں
نے وہ سُرُور و سوز نہ جوش و خروش ہے
داغِ فراقِ صُحبتِ شب کی جلی ہُوئی
اِک شمع رہ گئی ہے سو وہ بھی خموش ہے

آتے ہیں غیب سے یہ مضامیں خیال میں
غالبؔ صریرِ خامہ نوائے سروش ہے

آ کہ مری جان کو قرار نہیں ہے
طاقتِ بیدادِ انتظار نہیں ہے
دیتے ہیں جنّت حیاتِ دہر کے بدلے
نشہ بہ اندازۂ خُمار نہیں ہے
گریہ نکالے ہے تیری بزم سے مجُھ کو
ہائے کہ رونے پہ اِختیار نہیں ہے
ہم سے عبَث ہے گمُانِ رنجشِ خاطر
خاک میں عُشّاق کی غبُار نہیں ہے
دِل سے اُٹھا لُطفِ جلوہ ہائے معانی
غیرِ گُل آئینۂ بہار نہیں ہے
قتل کا میرے کیا ہے عہد تو بارے
وائے اگر عہد اُستُوار نہیں ہے
تو نے قسم میکشی کی کھائی ہے غالبؔ
تیری قسم کا کچُھ اِعتبار نہیں ہے

ہجومِ غم سے یاں تک سرنگونی مجھ کو حاصل ہے
کہ تارِ دامن و تارِ نظر میں فرق مشکل ہے

رفوئے زخم سے مطلب ہے لذّت زخمِ سوزن کی
سمجھیو مت کہ پاسِ درد سے دیوانہ غافل ہے

وہ گُل جس گلستاں میں جلوہ فرمائی کرے غالبؔ
چٹکنا غُنچۂ گُل کا صدائے خندۂ دِل ہے

پا بہ دامن ہو رہا ہوں بسکہ میں صحرا نورد
خارِ پا ہیں جوہرِ آئینۂ زانو مجھے

دیکھنا حالت مِرے دِل کی، ہم آغوشی کے وقت
ہے نگاہِ آشنا تیرا سرِ ہر مُو مجھے

ہُوں سراپا سازِ آہنگِ شکایت، کچھ نہ پُوچھ
ہے یہی بہتر کہ لوگوں میں نہ چھیڑے تُو مجھے

جس بزم میں تو ناز سے گُفتار میں آوے
جاں کالبدِ صُورتِ دیوار میں آوے

سائے کی طرح ساتھ پھریں سرو و صَنوبر
تو اِس قدِ دِلکش سے جو گُلزار میں آوے

تب نازِ گراں مایگئ اشک بجا ہے
جب لختِ جگر دیدۂ خُوں بار میں آوے

دے مُجھ کو شِکایت کی اِجازت کہ ستم گر
کچھ تُجھ کو مزہ بھی مرے آزار میں آوے

اُس چشمِ فسُوں گر کا اگر پائے اِشارہ
طُوطی کی طرح آئنہ گُفتار میں آوے

کانٹوں کی زباں سُوکھ گئی پیاس سے یارب
اِک آبلہ پا وادئ پُرخار میں آوے

مرجاؤں نہ کیوں رشک سے، جب وہ تنِ نازُک
آغوشِ خمِ حلقۂ زُنّار میں آوے

غارتِ گرِ ناموس نہ ہو گر ہوَسِ زر
کیوں شاہدِ گُل باغ سے بازار میں آوے

تب چاکِ گریباں کا مزہ ہے دلِ نالاں!
جب اِک نفس اُلجھا ہُوا ہر تار میں آوے

آتش کدہ ہے سینہ مرا رازِ نہاں سے
اے وائے، اگر معرضِ اظہار میں آوے

گنجینۂ معنی کا طلسم اُس کو سمجھیے
جو لفظ کہ غالبؔ مرے اشعار میں آوے

حُسنِ مہ گرچہ بہ ہنگامِ کمال اچھّا ہے
اُس سے میرا مہِ خورشید جمال اچھّا ہے

بوسہ دیتے نہیں اور دل پہ ہے ہر لحظہ نگاہ
جی میں کہتے ہیں کہ مُفت آئے تو مال اچھّا ہے

اور بازار سے لے آئے اگر ٹوٹ گیا
ساغرِ جَم سے مرا جامِ سفال اچھّا ہے

بے طلب دیں تو مزہ اُس میں سوا ملتا ہے
وہ گدا جس کو نہ ہو خُوئے سوال اچّھا ہے

اُن کے دیکھے سے جو آجاتی ہے مُنھ پر رونق
وہ سمجھتے ہیں کہ بیمار کا حال اچّھا ہے

دیکھیے پاتے ہیں عُشّاق بُتوں سے کیا فیض
اِک برہمن نے کہا ہے کہ یہ سال اچّھا ہے

ہم سُخَن تیشے نے فرہاد کو شیریں سے کیا
جس طرح کا کہ کسی میں ہو کمال اچّھا ہے

قطرہ دریا میں جو مل جائے تو دریا ہو جائے
کام اچّھا ہے وُہ، جس کا کہ مآل اچّھا ہے

خِضر سُلطاں کو رکھے خالِقِ اکبر سرسبز
شاہ کے باغ میں یہ تازہ نہال اچّھا ہے

ہم کو معلوم ہے جنّت کی حقیقت لیکن
دل کے خُوش رکھنے کو غالبؔ یہ خیال اچّھا ہے

نہ ہوئی گر مرے مرنے سے تسلّی، نہ سہی
اِمتحاں اور بھی باقی ہو تو یہ بھی نہ سہی

خار خارِ الَم حسرتِ دیدار تو ہے
شوق گلچینِ گُلستانِ تسلّی نہ سہی

مے پرستاں! خُمِ مے مُنھ سے لگائے ہی بنے
ایک دِن گر نہ ہُوا بزم میں ساقی نہ سہی

نفَسِ قیس کہ ہے چشم و چراغِ صحرا
گر نہیں شمعِ سِیہ خانۂ لیلیٰ، نہ سہی

ایک ہنگامے پہ موقُوف ہے گھر کی رونق
نوحۂ غم ہی سہی نغمۂ شادی نہ سہی

نہ سِتائش کی تمنّا نہ صِلے کی پَروا
گر نہیں ہیں مرے اشعار میں معنی، نہ سہی

عِشرتِ صُحبتِ خُوباں ہی غنیمت سمجھو
نہ ہُوئی غالبؔ اگر عمرِ طبیعی، نہ سہی

عجب نشاط سے جلّاد کے چلے ہیں ہم آگے
کہ اپنے سائے سے، سر پاؤں سے ہے دو قدم آگے

قضا نے تھا مجھے چاہا خرابِ بادۂ اُلفت
فقط خراب لِکھا، بس نہ چل سکا قلم آگے

غمِ زمانہ نے جھاڑی نشاطِ عشق کی مستی
وگرنہ ہم بھی اُٹھاتے تھے لذّتِ الَم آگے

خُدا کے واسطے داد اِس جُنُونِ شوق کی دینا
کہ اُس کے در پہ پہنچتے ہیں نامہ بر سے ہم آگے

یہ عُمر بھر جو پریشانیاں اُٹھائی ہیں ہم نے
تُمھارے آئیو اے طرّہ ہائے خَم بہ خَم آگے

دِل و جِگر میں پَر افشاں جو ایک موجۂ خُوں ہے
ہم اپنے زَعم میں سمجھے ہوئے تھے اِس کو دم آگے

قسم جنازے پہ آنے کی میرے کھاتے ہیں غالب
ہمیشہ کھاتے تھے جو میری جان کی قَسَم آگے

شِکوے کے نام سے بے مِہر خَفا ہوتا ہے
یہ بھی مت کہہ، کہ جو کہیے تو گِلا ہوتا ہے

پُر ہُوں میں شکوے سے یُوں، راگ سے جیسے باجا
اِک ذرا چھیڑیے، پھر دیکھیے کیا ہوتا ہے

گو سمجھتا نہیں پر حُسنِ تلافی دیکھو
شکوۂ جَور سے سرگرمِ جفا ہوتا ہے

عشق کی راہ میں ہے چرخِ مُکوکَب کی وہ چال
سُست رو جیسے کوئی آبلہ پا ہوتا ہے

کیوں نہ ٹھہریں ہَدَفِ ناوکِ بیداد، کہ ہم
آپ اُٹھا لاتے ہیں گر تیر خطا ہوتا ہے

خوب تھا، پہلے سے ہوتے جو ہم اپنے بدخواہ
کہ بھلا چاہتے ہیں اور بُرا ہوتا ہے

نالہ جاتا تھا پرے عرش سے میرا، اور اب
لب تک آتا ہے جو ایسا ہی رسا ہوتا ہے

(ق)
خامہ میرا کہ وہ ہے باربُدِ بزمِ سُخَن
شاہ کی مدح میں یوں نغمہ سَرا ہوتا ہے

اے شہنشاہِ کواکب سِپہ و مہرِ علَم
تیرے اِکرام کا حق کِس سے ادا ہوتا ہے

سات اِقلیم کا حاصل جو فراہم کیجے
تو وُہ لشکر کا ترے نعل بہا ہوتا ہے

ہر مہینے میں جو یہ بدر سے ہوتا ہے ہلال
آستاں پر ترے مہ ناصیہ سا ہوتا ہے

میں جو گُستاخ ہوں آئینِ غزل خوانی میں
یہ بھی تیرا ہی کرم ذوق فِزا ہوتا ہے

رکھیو غالب مجھے اِس تلخ نوائی میں مُعاف
آج کچھ درد مرے دِل میں سوا ہوتا ہے

ہر ایک بات پہ کہتے ہو تم کہ تُو کیا ہے
تمھی کہو کہ یہ اندازِ گفتگو کیا ہے

نہ شُعلے میں یہ کرِشمہ نہ برق میں یہ ادا
کوئی بتاؤ کہ وہ شوخِ تُند خُو کیا ہے

یہ رشک ہے کہ وُہ ہوتا ہے ہم سُخن تُم سے
وگرنہ خوفِ بدآموزیٔ عَدُو کیا ہے

چپک رہا ہے بدن پر لہُو سے پیراہن
ہمارے جَیب[1] کو اب حاجتِ رفُو کیا ہے

جلا ہے جسم جہاں، دِل بھی جل گیا ہوگا
کُریدتے ہو جو اَب راکھ جُستجُو کیا ہے

رگوں میں دوڑنے پھرنے کے ہم نہیں قائل
جب آنکھ سے ہی نہ ٹپکا تو پھر لہُو کیا ہے

وُہ چیز جس کے لیے ہم کو ہو بہشت عزیز
سِوائے بادۂ گُلفامِ مُشک بُو کیا ہے

[1] جَیب = گریبان

پیوں شراب اگر خُم بھی دیکھ لُوں دو چار
یہ شیشہ و قدح و کُوزہ و سَبُو کیا ہے

رہی نہ طاقتِ گُفتار اور اگر ہو بھی
تو کس اُمید پہ کہیے کہ آرزُو کیا ہے

ہُوا ہے شہ کا مُصاحب، پھرے ہے اِتراتا
وگرنہ شہر میں غالب کی آبرُو کیا ہے

میں اُنھیں چھیڑوں، اور کچھ نہ کہیں
چل نکلتے جو مَے پیے ہوتے

قہر ہو یا بلا ہو، جو کچھ ہو
کاشکے تم مرے لیے ہوتے

میری قسمت میں غم گر اتنا تھا
دل بھی یارب کئی دیے ہوتے

آ ہی جاتا وہ راہ پر غالب
کوئی دن اور بھی جیے ہوتے

غیر لیں محفل میں بوسے جام کے
ہم رہیں یُوں تشنہ لب پیغام کے

خستگی کا تُم سے کیا شکوہ، کہ یہ
ہتھکنڈے ہیں چرخِ نیلی فام کے

خط لکھیں گے گرچہ مطلب کچُھ نہ ہو
ہم تو عاشِق ہیں تمُھارے نام کے

رات پی زمزم پہ مے اور صُبح دم
دھوئے دھبّے جامۂ احرام کے

دِل کو آنکھوں نے پھنسایا کیا مگر
یہ بھی حلقے ہیں تمُھارے دام کے

شاہ کے ہے غُسلِ صحّت کی خبر
دیکھیے کب دن پھریں حمّام کے

عشق نے غالِب نکمّا کر دِیا
ورنہ ہم بھی آدمی تھے کام کے

پھر اس انداز سے بہار آئی
کہ ہُوئے مہر و مہ تماشائی
دیکھو اے ساکنانِ خطۂ خاک
اِس کو کہتے ہیں عالم آرائی
کہ زمیں ہو گئی ہے سرتاسر
رُوکشِ سطحِ چرخِ مینائی
سبزے کو جب کہیں جگہ نہ ملی
بن گیا رُوئے آب پر کائی
سبزہ و گُل کے دیکھنے کے لیے
چشمِ نرگس کو دی ہے بینائی
ہے ہوا میں شراب کی تاثیر
بادہ نوشی ہے باد پیمائی
کیوں نہ دُنیا کو ہو خوشی غالبؔ
شاہِ دیں دار نے شفا پائی

تغافل دوست ہوں، میرا دماغِ عجز عالی ہے
اگر پہلو تہی کیجے تو جا میری بھی خالی ہے

رہا آباد عالم اہلِ ہمّت کے نہ ہونے سے
بھرے ہیں جس قدر جام و سبُو میخانہ خالی ہے

کب وُہ سُنتا ہے کہانی میری
اور پھر وُہ بھی زبانی میری
خلشِ غمزۂ خُوں ریز نہ پُوچھ
دیکھ خُوں نابہ فشانی میری
کیا بیاں کر کے مرا روئیں گے یار
مگر آشُفتہ بیانی میری

ہوں زِ خُود رفتۂ بَیدائے خیال
بھُول جانا ہے نشانی میری

مُتَقابِل ہے مُقابِل میرا
رُک گیا دیکھ روانی میری

قدرِ سنگِ سرِ رہ رکھتا ہُوں
سخت ارزاں ہے گرانی میری

گرد بادِ رہِ بے تابی ہُوں
صرصرِ شوق ہے بانی میری

دہن اُس کا جو نہ معلوم ہُوا
کھُل گئی ہیچ مدانی میری

کر دیا ضُعف نے عاجز غالبؔ
ننگِ پیری ہے جوانی میری

نقشِ نازِ بُتِ طنّاز بہ آغوشِ رقیب
پائے طاؤس پئے خامۂ مانی مانگے

تُو وُہ بَدخُو کہ تحیُّر کو تماشا جانے
غم وُہ افسانہ کہ آشُفتہ بیانی مانگے

وُہ تبِ عشق، تمنّا ہے کہ پھر صُورتِ شمع
شعلہ تا نبضِ جِگر ریشہ دَوانی مانگے

گُلشن کو تری صُحبت از بسکہ خوش آئی ہے
ہر غُنچے کا گُل ہونا آغوش کُشائی ہے

واں کُنگرِ اِستغنا ہر دم ہے بلندی پر
یاں نالے کو اور اُلٹا دعوائے رسائی ہے

از بسکہ سکھاتا ہے غم ضبط کے انداز ے
جو داغ نظر آیا اِک چشم نمائی ہے

جس زخم کی ہو سکتی ہو تدبیر رفو کی
لکھ دیجیو یارب اُسے قسمت میں عدو کی

اچھا ہے سرِ انگشتِ حنائی کا تصوّر
دل میں نظر آتی تو ہے اِک بوند لہو کی

کیوں ڈرتے ہو عُشّاق کی بے حوصلگی سے
یاں تو کوئی سُنتا نہیں فریاد کسُو کی

دشنے نے کبھی مُنھ نہ لگایا ہو جگر کو
خنجر نے کبھی بات نہ پوچھی ہو گلو کی

صد حیف وہ ناکام کہ اِک عمر سے غالبؔ
حسرت میں رہے ایک بُتِ عربدہ جُو کی

سیماب پُشت گرمیِ آئینہ دے ہے، ہم
حیراں کیے ہُوئے ہیں دلِ بے قرار کے

آغوشِ گُل کُشُودہ برائے وَداع ہے
اے عندلیب چل، کہ چلے دِن بہار کے

ہے وصل ہجر عالَمِ تمکین و ضبط میں
معشوقِ شوخ و عاشقِ دیوانہ چاہیے

اُس لب سے مل ہی جائے گا بوسہ کبھی تو، ہاں
شوقِ فُضُول و جُرأتِ رِندانہ چاہیے

چاہیے اچھّوں کو ، جتنا چاہیے
یہ اگر چاہیں تو پھر کیا چاہیے

صُحبتِ رِنداں سے واجب ہے حذَر
جائے مے ، اپنے کو کھینچا چاہیے

چاہنے کو تیرے کیا سمجھا تھا دِل؟
بارے اب اِس سے بھی سمجھا چاہیے

چاک مت کر جَیب ، بے ایّامِ گُل
کچھ اُدھر کا بھی اِشارا چاہیے

دوستی کا پردہ ہے بے گانگی
مُنہ چھپانا ہم سے چھوڑا چاہیے

دُشمنی نے میری ، کھویا غیر کو
کِس قدر دُشمن ہے، دیکھا چاہیے

اپنی ، رُسوائی میں کیا چلتی ہے سَعَی
یار ہی ہنگامہ آرا چاہیے

مُنحصِر مرنے پہ ہو جس کی اُمید
نا اُمیدی اُس کی دیکھا چاہیے
غافل، اِن مہ طلعتوں کے واسطے
چاہنے والا بھی اچّھا چاہیے
چاہتے ہیں خُوبرُویوں کو اسدؔ
آپ کی صُورت تو دیکھا چاہیے

ہر قدم دُوریٔ منزل ہے نُمایاں مجھ سے
میری رفتار سے، بھاگے ہے بیاباں مجھ سے
درسِ عُنوانِ تماشا بہ تغافُل خُوش تر
ہے نگہ رِشتۂ شیرازۂ مژگاں مجھ سے
وحشتِ آتشِ دِل سے شبِ تنہائی میں
صُورتِ دُود رہا سایہ گُریزاں مجھ سے

غمِ عُشّاق نہ ہو سادگی آموزِ بُتاں
کس قدر خانۂ آئینہ ہے ویراں مجھ سے

اثرِ آبلہ سے جادۂ صحرائے جُنوں
صُورتِ رشتۂ گوہر ہے چراغاں مجھ سے

بے خُودی! بسترِ تمہیدِ فراغت ہُوجو![1]
پُر ہے سائے کی طرح میرا شبستاں مجھ سے

شوقِ دیدار میں گر تو مجھے گردن مارے
ہو نگہ، مثلِ گُلِ شمع، پریشاں مجھ سے

بیکسی ہائے شبِ ہجر کی وحشت، ہے ہے
سایہ خورشیدِ قیامت میں ہے پنہاں مجھ سے

گردشِ ساغرِ صد جلوۂ رنگیں تجھ سے
آئنہ داریٔ یک دیدۂ حیراں مجھ سے

نگہِ گرم سے اِک آگ ٹپکتی ہے اسدؔ
ہے چراغاں خس و خاشاکِ گلستاں مجھ سے

[1] ہُو جیو

نکتہ چیں ہے، غمِ دِل اُس کو سُنائے نہ بنے
کیا بنے بات، جہاں بات بنائے نہ بنے

میں بُلاتا تو ہُوں اُس کو مگر اے جذبۂ دِل
اُس پہ بَن جائے کچُھ ایسی کہ بِن آئے نہ بنے

کھیل سمجھا ہے کہیں چھوڑ نہ دے، بھُول نہ جائے
کاش یُوں بھی ہو کہ بِن میرے ستائے نہ بنے

غیر پھرتا ہے لِیے یُوں ترے خط کو کہ اگر
کوئی پُوچھے کہ یہ کیا ہے تو چھُپائے نہ بنے

اِس نزاکت کا بُرا ہو، وُہ بھلے ہیں تو کیا!
ہاتھ آویں تو اُنھیں ہاتھ لگائے نہ بنے

کہ سکے کون کہ یہ جلوہ گری کِس کی ہے
پردہ چھوڑا ہے وہ اُس نے کہ اُٹھائے نہ بنے

موت کی راہ نہ دیکھوں؟ کہ بِن آئے نہ رہے
تُم کو چاہُوں؟ کہ نہ آؤ تو بُلائے نہ بنے

بوجھ وہ سر سے گرا ہے کہ اُٹھائے نہ اُٹھے
کام وہ آن پڑا ہے کہ بنائے نہ بنے

عشق پر زور نہیں، ہے یہ وہ آتش غالبؔ
کہ لگائے نہ لگے اور بُجھائے نہ بنے

چاک کی خواہش اگر وحشت بہ عُریانی کرے
صُبح کے مانند زخمِ دل گریبانی کرے

جلوے کا تیرے وہ عالم ہے کہ گر کیجے خیال
دیدۂ دل کو زیارت گاہِ حیرانی کرے

ہے شکستن سے بھی دل نومید، یارب کب تلک
آبگینہ کوہ پر عرضِ گراں جانی کرے

میکدہ گر چشمِ مستِ ناز سے پاوے شکست
مُوئے شیشہ دیدۂ ساغر کی مژگانی کرے

خطِّ عارض سے لکھا ہے زُلف کو اُلفت نے عہد
یک قلم منظور ہے جو کچھ پریشانی کرے

وہ آ کے خواب میں تسکینِ اضطراب تو دے
ولے مجھے تپشِ دل مجالِ خواب تو دے

کرے ہے قتل، لگاوٹ میں تیرا رو دینا
تری طرح کوئی تیغِ نگہ کو آب تو دے

دِکھا کے جُنبشِ لب ہی تمام کر ہم کو
نہ دے جو بوسہ تو مُنھ سے کہیں جواب تو دے

پلا دے اوک سے ساقی! جو ہم سے نفرت ہے
پیالہ گر نہیں دیتا، نہ دے، شراب تو دے

اسد خُوشی سے مرے ہاتھ پاؤں پھُول گئے
کہا جو اُس نے "ذرا میرے پاؤں داب تو دے"

تپش سے میری وقفِ کش مکش ہر تارِ بستر ہے
مرا سر رنجِ بالیں ہے مرا تن بارِ بستر ہے

سرشکِ سر بہ صحرا دادہ ، نورُالعینِ دامن ہے
دلِ بے دست و پا اُفتادہ ، برخوردارِ بستر ہے

خوشا اِقبالِ رنجوری ، عیادت کو تُم آئے ہو
فروغِ شمعِ بالیں طالعِ بیدارِ بستر ہے

بہ طُوفاں گاہِ جوشِ اضطرابِ شامِ تنہائی
شُعاعِ آفتابِ صُبحِ محشر تارِ بستر ہے

ابھی آتی ہے بُو بالش سے، اُس کی زُلفِ مشکیں کی
ہماری دید کو خوابِ زُلیخا عارِ بستر ہے

کہوں کیا، دِل کی کیا حالت ہے، ہجرِ یار میں غالبؔ
کہ بے تابی سے ہر یک تارِ بستر خارِ بستر ہے

خطر ہے رشتۂ الفت رگِ گردن نہ ہو جاوے
غرورِ دوستی آفت ہے، تُو دشمن نہ ہو جاوے
سمجھ اِس فصل میں کوتاہیِ نشوونما غالب
اگر گُل سرو کے قامت پہ پیراہن نہ ہو جاوے

فریاد کی کوئی لَے نہیں ہے
نالہ پابندِ نَے نہیں ہے
کیوں بوتے ہیں باغباں تُونبے
گر باغ گدائے مَے نہیں ہے
ہر چند ہر ایک شے میں تُو ہے
پر تجھ سی تو کوئی شے نہیں ہے
ہاں کھائیو مت فریبِ ہستی
ہر چند کہیں کہ ہے، نہیں ہے

شادی سے گُزر کہ غم نہ ہووے
اُردی جو نہ ہو تو دَے نہیں ہے

کیوں ردِّ قدح کرے ہے زاہد
مے ہے یہ مگس کی قَے نہیں ہے

ہستی ہے نہ کچھ عَدَم ہے غالبؔ
آخر تُو کیا ہے، اے "نہیں ہے"!

نہ پُوچھ نُسخۂ مرہم جراحتِ دِل کا
کہ اُس میں ریزۂ الماس جُزوِ اعظم ہے

بہت دِنوں میں تغافُل نے تیرے پیدا کی
وُہ اِک نِگہ کہ بہ ظاہر نِگاہ سے کم ہے

ہم رشک کو اپنے بھی گوارا نہیں کرتے
مرتے ہیں، ولے اُن کی تمنّا نہیں کرتے

در پردہ اُنھیں غیر سے ہے ربطِ نہانی
ظاہر کا یہ پردہ ہے کہ پردا نہیں کرتے

یہ باعثِ نومیدیٔ اربابِ ہوس ہے
غالبؔ کو بُرا کہتے ہو، اچّھا نہیں کرتے

کرے ہے بادہ ترے لب سے کسبِ رنگِ فروغ
خطِ پیالہ سراسر نگاہِ گُلچیں ہے
کبھی تو اِس دلِ شوریدہ کی بھی داد ملے
کہ ایک عُمر سے حسرت پرستِ بالیں ہے

بجا ہے، گر نہ سُنے نالہ ہائے بُلبُلِ زار
کہ گوشِ گُل نمِ شبنم سے پنّبہ آگیں ہے

اسدؔ ہے نزْع میں، چل بے وفا برائے خُدا
مقامِ ترکِ حجاب و وَداعِ تمکیں ہے

کیوں نہ ہو چشمِ بُتاں محوِ تغافُل، کیوں نہ ہو
یعنی اِس بیمار کو نظّارے سے پرہیز ہے

مرتے مرتے، دیکھنے کی آرزو رہ جائے گی
وائے ناکامی کہ اُس کافر کا خنجر تیز ہے

عارضِ گُل دیکھ رُوئے یار یاد آیا اسدؔ
جوششِ فصلِ بہاری اِشتیاق انگیز ہے

دِیا ہے دِل اگر اُس کو، بشر ہے، کیا کہیے
ہُوا رقیب تو ہو، نامہ بَر ہے، کیا کہیے

یہ ضِد کہ آج نہ آوے اور آئے بِن نہ رہے
قضا سے شِکوہ ہمیں کِس قدر ہے، کیا کہیے

رہے ہے یُوں گہ و بے گہ کہ کُوئے دوست کو اب
اگر نہ کہیے کہ دُشمن کا گھر ہے، کیا کہیے؟

زہے کرِشمہ کہ یُوں دے رکھا ہے ہم کو فریب
کہ بِن کہے ہی اُنھیں سب خبر ہے، کیا کہیے

سمجھ کے کرتے ہیں بازار میں وہ پُرسشِ حال
کہ یہ کہے کہ سرِ رہ گزر ہے، کیا کہیے

تُمھیں نہیں ہے سرِ رشتۂ وفا کا خیال
ہمارے ہاتھ میں کُچھ ہے، مگر ہے کیا؟ کہیے!

اُنھیں سوال پہ زعمِ جنوں ہے، کیوں لڑیے
ہمیں جواب سے قطعِ نظر ہے، کیا کہیے
حسد سزائے کمالِ سُخن ہے کیا کیجے
سِتم بہائے متاعِ ہُنر ہے، کیا کہیے
کہا ہے کس نے کہ غالب بُرا نہیں، لیکن
سِوائے اِس کے کہ آشُفتہ سر ہے، کیا کہیے

دیکھ کر دَر پردہ گرمِ دامن افشانی مجھے
کر گئی وابستۂ تن میری عُریانی مجھے
بن گیا تیغِ نگاہِ یار کا سنگِ فَساں
مرحبا میں! کیا مُبارک ہے گرانجانی مجھے
کیوں نہ ہو بے التفاتی، اُس کی خاطر جمع ہے
جانتا ہے محوِ پُرسش ہائے پنہانی مجھے

میرے غم خانے کی قسمت جب رقم ہونے لگی
لکھ دیا منجملۂ اسبابِ ویرانی مجھے

بدگماں ہوتا ہے وُہ کافر، نہ ہوتا کاشکے
اِس قدر ذوقِ نوائے مُرغِ بُستانی مجھے

وائے، واں بھی شورِ محشر نے نہ دم لینے دیا
لے گیا تھا گور میں ذوقِ تن آسانی مجھے

وعدہ آنے کا وفا کیجے یہ کیا انداز ہے!
تُم نے کیوں سونپی ہے میرے گھر کی دربانی مجھے

ہاں نشاطِ آمدِ فصلِ بہاری، واہ واہ!
پھر ہُوا ہے تازہ سودائے غزل خوانی مجھے

دی مرے بھائی کو حق نے از سرِ نو زندگی
میرزا یُوسف ہے غالب، یُوسفِ ثانی مجھے

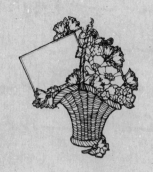

یاد ہے شادی میں بھی ہنگامۂ "یارب!" مجھے
سُبحۂ زاہد ہُوا ہے خندہ زیرِ لب مجھے

ہے کُشادِ خاطرِ وابستہ در رہنِ سُخن
تھا طِلسمِ قُفلِ ابجد، خانۂ مکتب مجھے

یارب اِس آشُفتگی کی داد کِس سے چاہیے
رشک آسائش پہ ہے زندانیوں کی اب مجھے

طبع ہے مُشتاقِ لذّت ہائے حسرت، کیا کروں
آرزُو سے ہے شِکستِ آرزُو مطلب مجھے

دِل لگا کر آپ بھی غالبؔ مجھی سے ہو گئے؟
عِشق سے آتے تھے مانع، میرزا صاحب مجھے!

حضورِ شاہ میں اہلِ سُخن کی آزمائش ہے
چمن میں خُوش‌نوایانِ چمن کی آزمائش ہے

قد و گیسُو میں قیس و کوہکن کی آزمائش ہے
جہاں ہم ہیں، وہاں دار و رَسن کی آزمائش ہے

کریں گے کوہکن کے حوصلے کا اِمتحاں آخر
ہَنُوز اُس خستہ کے نیروئے تن کی آزمائش ہے

نسیمِ مصر کو کیا پیرِ کنعاں کی ہَوا خواہی
اُسے یُوسُف کی بُوئے پیرہن کی آزمائش ہے

وہ آیا بزم میں، دیکھو، نہ کہیو پھر کہ غافل تھے
شکیب و صبرِ اہلِ انجمن کی آزمائش ہے

رہے دِل ہی میں تیر اچھّا، جگر کے پار ہو بہتر
غرض شستِ بُتِ ناوک فگن کی آزمائش ہے

نہیں کچھ سُبحہ و زُنّار کے پھندے میں گیرائی
وفاداری میں شیخ و برہمن کی آزمائش ہے

پڑا رہ اے دلِ وابستہ، بیتابی سے کیا حاصل؟
مگر پھر تابِ زُلفِ پُر شِکن کی آزمائش ہے

رگ و پے میں جب اُترے زہرِ غم، تب دیکھیے کیا ہو
ابھی تو تلخئ کام و دہن کی آزمائش ہے

وُہ آویں گے مِرے گھر؟ وعدہ کیسا، دیکھنا غالبؔ
نئے فِتنوں میں اب چرخِ کُہن کی آزمائش ہے

کبھی نیکی بھی اُس کے جی میں گر آجائے ہے مُجھ سے
جفائیں کر کے اپنی یاد شرما جائے ہے مُجھ سے

خُدایا جذبۂ دِل کی مگر تاثیر اُلٹی ہے
کہ جِتنا کھینچتا ہوں اور کِھچتا جائے ہے مُجھ سے

وہ بدخُو اور میری داستانِ عشق طُولانی
عبارت مُختصر، قاصِد بھی گھبرا جائے ہے مجھ سے

اُدھر وہ بدگُمانی ہے، اِدھر یہ ناتوانی ہے
نہ پُوچھا جائے ہے اُس سے، نہ بولا جائے ہے مجھ سے

سنبھلنے دے مجھے اے نا اُمیدی، کیا قیامت ہے
کہ دامانِ خیالِ یار چھُوٹا جائے ہے مجھ سے

تکلّف برطرف، نظّارگی میں بھی سہی لیکن
وہ دیکھا جائے، کب یہ ظُلم دیکھا جائے ہے مجھ سے

ہوئے ہیں پاؤں ہی پہلے نبردِ عشق میں زخمی
نہ بھاگا جائے ہے مجھ سے، نہ ٹھہرا جائے ہے مجھ سے

قیامت ہے کہ ہووے مُدّعی کا ہم سفر غالب
وہ کافر جو خُدا کو بھی نہ سونپا جائے ہے مجھ سے

زِ بسکہ مشقِ تماشا جُنوں علامت ہے
کُشاد و بستِ مژہ سیلیٔ ندامت ہے

نہ جانوں کیوں کہ مِٹے داغِ طعنِ بد عہدی
تجُھے کہ آئنہ بھی ورطۂ ملامت ہے

بہ پیچ و تابِ ہوس سِلکِ عافیت مت توڑ
نگاہِ عجز سرِ رشتۂ سلامت ہے

وفا مُقابل و دعوائے عشق بے بُنیاد
جُنونِ ساختہ و فصلِ گُل، قیامت ہے

لاغر اِتنا ہُوں کہ گر تُو بزم میں جا دے مجھے
میرا ذِمّہ ، دیکھ کر گر کوئی بتلا دے مجُھے

کیا تعجُّب ہے کہ اُس کو دیکھ کر آجائے رحم
واں تلک کوئی کسی حیلے سے پُہنچا دے مجُھے

مُنھ نہ دکھلاوے ، نہ دِکھلا ، پر بہ اندازِ عتاب
کھول کر پردہ ذرا آنکھیں ہی دِکھلا دے مجُھے

یاں تلک میری گرِفتاری سے وہ خُوش ہے کہ مَیں
زُلف گر بن جاؤں تو شانے میں اُلجھا دے مجُھے

بازیچۂ اطفال ہے دُنیا مرے آگے
ہوتا ہے شب و روز تماشا مرے آگے

اِک کھیل ہے اورنگِ سُلیماں مرے نزدیک
اِک بات ہے اعجازِ مسیحا مرے آگے

جُز نام نہیں صُورتِ عالَم مجھے منظُور
جُز وہم نہیں ہستیٔ اشیا مرے آگے

ہوتا ہے نہاں گرد میں صحرا مرے ہوتے
گھِستا ہے جبیں خاک پہ دریا مرے آگے

مت پُوچھ کہ کیا حال ہے میرا ترے پیچھے
تُو دیکھ کہ کیا رنگ ہے تیرا مرے آگے

سچ کہتے ہو خود بین و خود آرا ہُوں، نہ کیوں ہُوں
بیٹھا ہے بُتِ آئنہ سیما مرے آگے

پھر دیکھیے اندازِ گُل افشانیٔ گُفتار
رکھ دے کوئی پیمانۂ صہبا مرے آگے

نفرت کا گُماں گزرے ہے، میں رشک سے گزُرا
کیوں کر کہوں لو نام نہ اُن کا مرے آگے

ایماں مجھے روکے ہے، جو کھینچے ہے مجھے کفر
کعبہ مرے پیچھے ہے، کلیسا مرے آگے

عاشق ہوں پہ معشوق فریبی ہے مرا کام
مجنوں کو بُرا کہتی ہے لیلےٰ مرے آگے

خُوش ہوتے ہیں پر وصل میں یُوں مر نہیں جاتے
آئی شبِ ہجراں کی تمنّا مرے آگے

ہے موجزن اِک قُلزُمِ خُوں کاش یہی ہو
آتا ہے ابھی دیکھیے کیا کیا مرے آگے

گو ہاتھ میں جُنبش نہیں آنکھوں میں تو دم ہے
رہنے دو ابھی ساغر و مینا مرے آگے

ہم پیشہ و ہم مَشرب و ہم راز ہے میرا
غالبؔ کو بُرا کیوں کہو، اچھّا! مرے آگے

کہوں جو حال تو کہتے ہو مُدّعا کہیے
تمھیں کہو کہ جو تم یُوں کہو تو کیا کہیے؟

نہ کہیو طعن سے پھر تُم کہ ہم ستم گر ہیں
مجھے تو خُو ہے کہ جو کچھ کہو، بجا کہیے

وہ نیشتر سہی پر دِل میں جب اُتر جاوے
نگاہِ ناز کو پھر کیوں نہ آشنا کہیے

نہیں ذریعۂ راحت جراحتِ پیکاں
وہ زخمِ تیغ ہے جِس کو کہ دِل کُشا کہیے

جو مُدّعی بنے اُس کے نہ مُدّعی بنیے
جو ناسزا کہے اُس کو نہ ناسزا کہیے

کہیں حقیقتِ جانکاہئ مرض لکھیے
کہیں مُصیبتِ ناسازئ دوا کہیے

کبھی شکایتِ رنجِ گراں نشیں کیجے
کبھی حکایتِ صبرِ گُریز پا کہیے

رہے نہ جان تو قاتل کو خوں بہا دیجے
کٹے زبان تو خنجر کو مرحبا کہیے

نہیں نگار کو اُلفت، نہ ہو، نگار تو ہے!
روانیٔ روشِ و مستیٔ ادا کہیے

نہیں بہار کو فُرصت، نہ ہو، بہار تو ہے
طراوتِ چمن و خُوبیٔ ہَوا کہیے

سفینہ جب کہ کنارے پہ آ لگا غالب
خُدا سے کیا سِتم و جَورِ ناخُدا کہیے

روئے سے اور عشق میں بے باک ہو گئے
دھوئے گئے ہم اتنے کہ بس پاک ہو گئے

صَرفِ بہائے مَے ہُوئے آلاتِ میکشی
تھے یہ ہی دو حساب سو یُوں پاک ہو گئے

رُسوائے دہر گو ہُوئے آوارگی سے تُم
بارے طبیعتوں کے تو چالاک ہو گئے

کہتا ہے کون نالۂ بُلبُل کو بے اثر
پردے میں گُل کے لاکھ جگر چاک ہو گئے

پُوچھے ہے کیا وُجُود و عدم اہلِ شوق کا
آپ اپنی آگ کے خس و خاشاک ہو گئے

کرنے گئے تھے اُس سے تغافُل کا ہم گِلہ
کی ایک ہی نگاہ کہ بس خاک ہو گئے

اِس رنگ سے اُٹھائی کل اُس نے اسدؔ کی نعش
دُشمن بھی جس کو دیکھ کے غم ناک ہو گئے

نشہ ہا شادابِ رنگ و ساز ہا مستِ طرب
شیشۂ مے سروِ سبزِ جُوئبارِ نغمہ ہے

ہم نشیں مت کہہ کہ برہم کر نہ بزمِ عیشِ دوست
واں تو میرے نالے کو بھی اعتبارِ نغمہ ہے

عرضِ نازِ شوخیٔ دنداں برائے خندہ ہے
دعویٔ جمعیّتِ احباب جائے خندہ ہے

ہے عدم میں غُنچہ محوِ عبرتِ انجامِ گُل
یک جہاں زانو تأمُّل در قفائے خندہ ہے

کُلفتِ افسُردگی کو عیشِ بے تابی حرام
ورنہ دنداں در دِل افشُردن بنائے خندہ ہے

سوزشِ باطن کے ہیں احباب مُنکِر ورنہ یاں
دِل مُحیطِ گریہ و لب آشنائے خندہ ہے

حُسن بے پروا خریدارِ مَتاعِ جلوہ ہے
آئنہ زانوئے فکرِ اِختراعِ جلوہ ہے

تا کُجا اے آگہی رنگِ تماشا باختن؟
چشمِ وا گر دیدہ آغوشِ وَداعِ جلوہ ہے

جب تک دہانِ زخم نہ پیدا کرے کوئی
مُشکِل کہ تجھ سے راہِ سُخَن وا کرے کوئی

عالَم غُبارِ وحشتِ مجنُوں ہے سر بسر
کب تک خیالِ طُرّۂ لیلیٰ کرے کوئی

افسُردگی نہیں طرَب اِنشائے اِلتفات
ہاں دَرد بن کے دِل میں مگر جا کرے کوئی

رونے سے اے ندیم ملامت نہ کر مجھے
آخر کبھی تو عُقدۂ دِل وا کرے کوئی

چاکِ جگر سے جب رہِ پُرسِش نہ وا ہُوئی
کیا فائدہ کہ جَیب کو رُسوا کرے کوئی

لختِ جگر سے ہے رگِ ہر خار شاخِ گُل
تا چند باغبانیٔ صحرا کرے کوئی

ناکامیٔ نگاہ ہے برقِ نظارہ سوز
تُو وُہ نہیں کہ تجھ کو تماشا کرے کوئی

ہر سنگ و خشت ہے صدفِ گوہرِ شکست
نُقصاں نہیں، جُنوں سے جو سودا کرے کوئی

سَر بَر ہُوئی نہ وعدۂ صبر آزما سے عُمر
فُرصت کہاں کہ تیری تمنّا کرے کوئی

ہے وحشتِ طبیعتِ ایجاد یاس خیز
یہ درد وُہ نہیں کہ نہ پیدا کرے کوئی

بے کاریٔ جُنوں کو ہے سَر پیٹنے کا شغل
جب ہاتھ ٹُوٹ جائیں تو پھر کیا کرے کوئی

حُسنِ فروغِ شمعِ سُخن دُور ہے اسدؔ
پہلے دلِ گُداختہ پیدا کرے کوئی

ابنِ مریم ہُوا کرے کوئی
میرے دُکھ کی دَوا کرے کوئی

شرع و آئین پر مدار سہی
ایسے قاتل کا کیا کرے کوئی

چال جیسے کڑی کمان کا تیر
دِل میں ایسے کے جا کرے کوئی

بات پر واں زبان کٹتی ہے
وُہ کہیں اور سُنا کرے کوئی

بک رہا ہُوں جُنوں میں کیا کیا کچھ
کچھ نہ سمجھے خُدا کرے کوئی

نہ سُنو، گر بُرا کہے کوئی (ق)
نہ کہو، گر بُرا کرے کوئی

روک لو، گر غلط چلے کوئی
بخش دو، گر خطا کرے کوئی

کون ہے جو نہیں ہے حاجت مند
کِس کی حاجت رَوا کرے کوئی

کیا کِیا خِضر نے سِکندر سے
اب کِسے رہنُما کرے کوئی

جب توقُّع ہی اُٹھ گئی غالبؔ
کیوں کِسی کا گِلا کرے کوئی

بُہت سہی غمِ گیتی ، شراب کم کیا ہے؟
غُلامِ ساقیٔ کوثر ہُوں مجُھ کو غم کیا ہے!

تُمھاری طرز و روِش جانتے ہیں ہم ، کیا ہے
رقیب پر ہے اگر لُطف تو سِتم کیا ہے؟

سُخَن میں خامۂ غالبؔ کی آتش افشانی
یقیں ہے ہم کو بھی ، لیکن اب اُس میں دم کیا ہے!

باغ پا کر خفقانی یہ[1] ڈراتا ہے مجھے
سایۂ شاخِ گُل افعی نظر آتا ہے مجھے

جوہرِ تیغ بہ سرچشمۂ دیگر معلُوم
ہُوں میں وُہ سبزہ کہ زہراب اُگاتا ہے مجھے

مُدّعا محوِ تماشائے شکستِ دِل ہے
آئینہ خانے میں کوئی لِیے جاتا ہے مجھے

نالہ سرمایۂ یک عالَم و عالَم کفِ خاک
آسماں بیضۂ قُمری نظر آتا ہے مجھے

زِندگی میں تو وُہ محفِل سے اُٹھا دیتے تھے
دیکھوں اب مر گئے پر کون اُٹھاتا ہے مجھے

[1] اِس قدر

روندی ہُوئی ہے کوکبۂ شہریار کی
اِترائے کیوں نہ خاک سرِ رہگُزار کی

جب اُس کے دیکھنے کے لیے آئیں بادشاہ
لوگوں میں کیوں نمُود نہ ہو لالہ زار کی

بھُوکے نہیں ہیں سیرِ گُلستاں کے ہم ولے
کیوں کر نہ کھائیے کہ ہَوا ہے بہار کی

ہزاروں خواہشیں ایسی کہ ہر خواہش پہ دم نکلے
بہُت نکلے مِرے ارمان لیکن پھر بھی کم نکلے

ڈرے کیوں میرا قاتِل، کیا رہے گا اُس کی گردن پر
وہ خُوں، جو چشمِ تر سے عُمر بھر یُوں دَم بہ دَم نکلے

نکلنا خُلد سے آدم کا سُنتے آئے ہیں لیکن
بہُت بے آبرُو ہو کر ترے کُوچے سے ہم نکلے

بھرم کھل جائے ظالم، تیرے قامت کی درازی کا
اگر اِس طُرّۂ پُر پیچ و خم کا پیچ و خم نکلے
مگر لکھوائے کوئی اُس کو خط تو ہم سے لکھوائے
ہُوئی صُبح اور گھر سے، کان پر رکھ کر قلم نکلے
ہُوئی اِس دَور میں منسُوب مُجھ سے بادہ آشامی
پھر آیا وہ زمانہ جو جہاں میں جامِ جم نکلے
ہُوئی جن سے توقُّع خستگی کی داد پانے کی
وہ ہم سے بھی زیادہ خستۂ تیغِ ستم نکلے
محبّت میں نہیں ہے فرق جینے اور مرنے کا
اُسی کو دیکھ کر جیتے ہیں جس کافر پہ دم نکلے
کہاں میخانے کا دروازہ غالبؔ! اور کہاں واعظ
پر اِتنا جانتے ہیں، کل وُہ جاتا تھا کہ ہم نکلے

کوہ کے ہوں بارِ خاطر، گر صدا ہو جائیے
بے تکلّف، اے شرارِ جستہ! کیا ہو جائیے

بیضہ آسا، ننگِ بال و پَر ہے یہ کُنجِ قفَس
از سرِ نو زندگی ہو، گر رِہا ہو جائیے

مَستی، بہ ذوقِ غفلتِ ساقی، ہلاک ہے
موجِ شراب، یک مِژۂ خواب ناک ہے

جُز زخمِ تیغِ ناز، نہیں دل میں آرزُو
جَیبِ خیال بھی ترے ہاتھوں سے چاک ہے

جوشِ جُنوں سے کچھ نظر آتا نہیں اسدؔ
صحرا ہماری آنکھ میں یک مُشتِ خاک ہے

لبِ عیسیٰ کی جُنبش کرتی ہے گہوارہ جُنبانی
قیامت کُشتۂ لعلِ بُتاں کا خوابِ سنگیں ہے

آمدِ سیلابِ طُوفانِ صدائے آب ہے
نقشِ پا جو کان میں رکھتا ہے اُنگلی جادہ سے

بزمِ مے وحشت کدہ ہے کس کی چشمِ مست کا
شیشے میں نبضِ پری پنہاں ہے موجِ بادہ سے

ہُوں میں بھی تماشائیٔ نیرنگِ تمنّا
مطلب نہیں کچُھ اِس سے کہ مطلب ہی بر آوے

سیاہی جیسے گر جاوے دمِ تحریر کاغذ پر
مری قسمت میں یُوں تصویر ہے شب ہائے ہجراں کی

ہجُومِ نالہ، حیرت عاجزِ عرضِ یک افغاں ہے
خموشی ریشۂ صد نیستاں سے خس بدنداں ہے

تکلّف بر طرف، ہے جاں‌ستاں تر لُطفِ بد خُویاں
نگاہِ بے حجابِ ناز تیغِ تیزِ عُریاں ہے

ہُوئی یہ کثرتِ غم سے تلَف کیفیّتِ شادی
کہ صُبحِ عید مُجھ کو بدتر از چاکِ گریباں ہے

دل و دیں نقد لا، ساقی سے گر سودا کیا چاہے
کہ اِس بازار میں ساغر مَتاعِ دستگرداں ہے

غم آغوشِ بلا میں پرورِش دیتا ہے عاشق کو
چراغِ روشن اپنا قُلزُمِ صَرصَر کا مَرجاں ہے

خموشیوں میں تماشا ادا نکلتی ہے
نگاہ دل سے تری سُرمہ سا نکلتی ہے
فشارِ تنگیٔ خَلوت سے بنتی ہے شبنم
صبا جو غُنچے کے پردے میں جا نکلتی ہے
نہ پُوچھ سینۂ عاشق سے آبِ تیغِ نگاہ
کہ زخمِ روزنِ در سے ہَوا نکلتی ہے

جس جا نسیم شانہ کشِ زُلفِ یار ہے
نافہ دماغِ آہُوئے دشتِ تتار ہے
کس کا سُراغِ جلوہ ہے حیرت کو اے خُدا
آئینہ فرشِ شش جہتِ اِنتظار ہے
ہے ذرّہ ذرّہ تنگیٔ جا سے غُبارِ شوق
گر دام یہ ہے وُسعتِ صحرا شکار ہے

دل مُدّعی و دِیدہ بنا مُدّعا علیہ
نظّارے کا مقدّمہ پھر رُوبکار ہے

چھڑکے ہے شبنم آئینۂ برگِ گُل پر آب
اے عندلیب وقتِ وَداعِ بہار ہے

پَیچ آ پڑی ہے وعدۂ دِلدار کی مجھے
وُہ آئے یا نہ آئے پہ یاں اِنتظار ہے

بے پردہ سُوئے وادیٔ مجنُوں گزر نہ کر
ہر ذرّے کے نِقاب میں دِل بیقرار ہے

اے عندلیب یک کفِ خس بہرِ آشیاں
طُوفانِ آمد آمدِ فصلِ بہار ہے

دِل مت گنوّا، خبر نہ سہی، سیر ہی سہی
اے بے دماغ آئنہ تمثال دار ہے

غفلت کفیلِ عُمر و اسدؔ ضامِن نشاط
اے مرگِ ناگہاں تُجھے کیا اِنتظار ہے

آئینہ کیوں نہ دُوں کہ تماشا کہیں جسے
ایسا کہاں سے لاؤں کہ تُجھ سا کہیں جسے

حسرت نے لا رکھا تری بزمِ خیال میں
گُلدستۂ نگاہ سُوَیدا کہیں جسے

پھُونکا ہے کس نے گوشِ محبّت میں اے خُدا
افسونِ انتظار، تمنّا کہیں جسے

سر پر ہُجُومِ دردِ غریبی سے ڈالیے
وُہ ایک مُشتِ خاک کہ صحرا کہیں جسے

ہے چشمِ تر میں حسرتِ دیدار سے نہاں
شوقِ عناں گُسیختہ، دریا کہیں جسے

درکار ہے شُگُفتنِ گُل ہائے عیش کو
صُبحِ بہار، پنبۂ مینا کہیں جسے

غالب بُرا نہ مان جو واعظ بُرا کہے
ایسا بھی کوئی ہے کہ سب اچھّا کہیں جسے؟

شبنم بہ گُلِ لالہ نہ خالی ز ادا ہے
داغِ دلِ بے درد، نظر گاہِ حیا ہے

دِل خُوں شُدہ کشمکشِ حسرتِ دیدار
آئینہ بہ دستِ بُتِ بدمستِ حنا ہے

شُعلے سے نہ ہوتی، ہَوسِ شُعلہ نے جو کی
جی کِس قدر افسُردگیٔ دِل پہ جلا ہے

تمثال میں تیری ہے وُہ شوخی کہ بہ صد ذوق
آئینہ بہ اندازِ گُل آغوش کُشا ہے

قُمری کفِ خاکستر و بُلبُل قفسِ رنگ
اے نالہ! نشانِ جگرِ سوختہ کیا ہے؟

خُو نے تری افسُردہ کیا وحشتِ دِل کو
معشُوقی و بے حوصلگی طُرفہ بلا ہے

مجبُوری و دعوائے گرفتاریٔ اُلفت
دستِ تہِ سنگ آمدہ پیمانِ وفا ہے

معلوم ہُوا حالِ شہیدانِ گزشتہ
تیغِ ستم آئینۂ تصویر نُما ہے

اے پرتوِ خورشیدِ جہاں تاب! اِدھر بھی
سائے کی طرح ہم پہ عجب وقت پڑا ہے

ناکردہ گُناہوں کی بھی حسرت کی مِلے داد
یارب اگر اِن کردہ گُناہوں کی سزا ہے

بے گانگئ خَلق سے بیدل نہ ہو غالبؔ
کوئی نہیں تیرا، تو مِری جان، خُدا ہے

منظُور تھی یہ شکل تجلّی کو نُور کی
قِسمت کھُلی ترِے قد و رُخ سے ظُہور کی

اِک خُونچکاں کفن میں کروڑوں بناؤ ہیں
پڑتی ہے آنکھ تیرے شہیدوں پہ حُور کی

واعظ! نہ تم پیو نہ کسی کو پلا سکو
کیا بات ہے تمھاری شرابِ طہُور کی

لڑتا ہے مجھ سے حشر میں قاتل، کہ کیوں اُٹھا؟
گویا ابھی سُنی نہیں آوازِ صُور کی

آمد بہار کی ہے جو بُلبُل ہے نغمہ سنج
اُڑتی سی اِک خبر ہے زبانی طیُور کی

گو واں نہیں، پہ واں کے نکالے ہُوئے تو ہیں
کعبے سے اِن بُتوں کو بھی نسبت ہے دُور کی

کیا فرض ہے کہ سب کو ملے ایک سا جواب
آؤ نہ ہم بھی سیر کریں کوہِ طُور کی

گرمی سہی کلام میں، لیکن نہ اِس قدر
کی جس سے بات اُس نے شکایت ضرُور کی

غالب گر اس سفر میں مجھے ساتھ لے چلیں
حج کا ثواب نذر کروں گا حضُور کی

غم کھانے میں بودا دلِ ناکام بہُت ہے
یہ رنج کہ کم ہے مَے گلفام، بہُت ہے

کہتے ہوئے، ساقی سے، حیا آتی ہے ورنہ
ہے یُوں کہ مجھے دُردِ تہِ جام بہُت ہے

نے تیر کماں میں ہے، نہ صیّاد کمیں میں
گوشے میں قفس کے مجھے آرام بہُت ہے

کیا زُہد کو مانُوں کہ نہ ہو گرچہ ریائی
پاداشِ عمل کی طَمَعِ خام بہُت ہے

ہیں اہلِ خرد کس روشِ خاص پہ نازاں؟
پابستگیٔ رسم و رہِ عام بہُت ہے

زمزم ہی پہ چھوڑو، مجھے کیا طوفِ حرم سے
آلُودہ بہ مَے جامۂ اِحرام بہُت ہے

ہے قہر گر اب بھی نہ بنے بات کہ اُن کو
اِنکار نہیں اور مجھے اِبرام بہُت ہے

خُوں ہو کے جِگر آنکھ سے ٹپکا نہیں اے مرگ
رہنے دے مجُھے یاں، کہ ابھی کام بہُت ہے

ہوگا کوئی ایسا بھی کہ غالِب کو نہ جانے؟
شاعر تو وہ اچھّا ہے، پہ بدنام بہُت ہے

مُدّت ہوئی ہے یار کو مہماں کِیے ہوئے
جوشِ قدَح سے بزم چراغاں کِیے ہُوئے

کرتا ہُوں جمع پھر جگرِ لختِ لخت کو
عرصہ ہُوا ہے دعوتِ مژگاں کِیے ہُوئے

پھر وضعِ احتیاط سے رُکنے لگا ہے دم
برسوں ہُوئے ہیں چاک گریباں کِیے ہُوئے

پھر گرمِ نالہ ہائے شرر بار ہے نفَس
مُدّت ہُوئی ہے سیرِ چراغاں کِیے ہُوئے

پھر پُرسشِ جراحتِ دِل کو چلا ہے عشق
سامانِ صد ہزار نمک داں کِیے ہُوئے

پھر بھر رہا ہُوں خامۂ مژگاں بہ خُونِ دِل
سازِ چمن طرازئ داماں کیے ہُوئے

باہمدِگر ہُوئے ہیں دِل و دِیدہ پھر رقیب
نظّارہ و خیال کا ساماں کیے ہُوئے

دِل پھر طوافِ کُوئے ملامت کو جائے ہے
پِندار کا صنم کدہ وِیراں کیے ہُوئے

پھر شوق کر رہا ہے خریدار کی طلب
عرضِ مَتاعِ عقل و دِل و جاں کیے ہُوئے

دوڑے ہے پھر ہر ایک گُل و لالہ پر خیال
صد گُلِستاں نِگاہ کا ساماں کیے ہُوئے

پھر چاہتا ہُوں نامۂ دِلدار کھولنا
جاں نذرِ دِل فریبئ عُنواں کیے ہُوئے

مانگے ہے پھر کِسی کو لبِ بام پر ہوس
زُلفِ سیاہ رُخ پہ پریشاں کیے ہُوئے

چاہے ہے پھر کِسی کو مُقابِل میں آرزُو
سُرمے سے تیز دشنۂ مژگاں کیے ہُوئے

اِک نوبہارِ ناز کو تاکے ہے پھر نگاہ
چہرہ فروغِ مَے سے گُلستاں کیے ہُوئے

پھر جی میں ہے کہ در پہ کسی کے پڑے رہیں
سر زیر بارِ منّتِ درباں کیے ہُوئے

جی ڈُھونڈتا ہے پھر وُہی فرصت، کہ رات دن
بیٹھے رہیں تصوّرِ جاناں کیے ہُوئے

غالبؔ ہمیں نہ چھیڑ، کہ پھر جوشِ اشک سے
بیٹھے ہیں ہم تہیّہ ٔ طُوفاں کیے ہُوئے

نویدِ امن ہے بیدادِ دوست جاں کے لیے
رہی نہ طرزِ ستم کوئی آسماں کے لیے

بَلا سے! گر مژہ ٔ یار تشنہ ٔ خُوں ہے
رکھوں کُچھ اپنی بھی مژگانِ خُوں فشاں کے لیے

وہ زندہ ہم ہیں کہ ہیں رُوشناسِ خلق اے خضر
نہ تُم، کہ چور بنے عُمرِ جاوداں کے لیے

رہا بلا میں بھی، میں مُبتلائے آفتِ رشک
بلائے جاں ہے ادا تیری اِک جہاں کے لیے

فلک نہ دُور رکھ اُس سے مجُھے، کہ مَیں ہی نہیں
دراز دستیٔ قاتل کے اِمتحاں کے لیے

مِثال یہ مِری کوشش کی ہے، کہ مُرغِ اسیر
کرے قفس میں فراہم خَس آشیاں کے لیے

گدا سمجھ کے وہ چُپ تھا، مِری جو شامت آئے
اُٹھا، اور اُٹھ کے قدم میں نے پاسباں کے لیے

(ق)

بہ قدرِ شوق نہیں ظرفِ تنگنائے غزل
کچُھ اور چاہیے وُسعت مِرے بیاں کے لیے

دیا ہے خَلق کو بھی، تا اُسے نظر نہ لگے
بنا ہے عیش تجمُّل حُسین خاں کے لیے

زباں پہ بارِ خُدایا! یہ کِس کا نام آیا
کہ میرے نُطق نے بوسے مِری زباں کے لیے

نَصیرِ دولت و دیں اور مُعینِ مِلّت و مُلک
بنا ہے چرخِ بریں جس کے آستاں کے لیے

زمانہ عہد میں اُس کے ہے محوِ آرائش
بنیں گے اور ستارے اب آسماں کے لیے

ورق تمام ہُوا اور مَدح باقی ہے
سَفینہ چاہیے اِس بحرِ بے کراں کے لیے

ادائے خاص سے غالبؔ ہُوا ہے نکتہ سرا
صلائے عام ہے یارانِ نکتہ داں کے لیے

قصائِد

منقبتِ حیدری

سازِ یک ذرّہ نہیں فیضِ چمن سے بے کار
سایۂ لالۂ بے داغ سُوَیدائے بہار
مستئ بادِ صبا سے ہے ، بہ عرضِ سبزہ
ریزۂ شیشۂ مے جوہرِ تیغِ کہسار
سبز ہے جامِ زمُرُّد کی طرح داغِ پلنگ
تازہ ہے ریشۂ نارنج صِفَت رُوئے شرار
مستئ اَبر سے گلچینِ طرب ہے حسرت
کہ اِس آغوش میں ممکن ہے دو عالم کا فشار
کوہ و صحرا ہمہ معمُورئ شوقِ بلبل
راہِ خوابیدہ ہُوئی خندۂ گُل سے بیدار

سونپے ہے فیضِ ہَوا، صُورتِ مژگانِ یتیم
سر نوشتِ دو جہاں ابر بہ یک سطرِ غبار

کاٹ کر پھینکیے ناخُن تو بہ اندازِ ہلال
قوّتِ نامیہ اِس کو بھی نہ چھوڑے بے کار

کفِ ہر خاک بہ گردُوں شُدہ قمری پرواز
دامِ ہر کاغذِ آتش زدہ طاؤس شکار

میکدے میں ہو اگر آرزُوئے گُل چینی
بھول جا یک قدحِ بادہ بہ طاقِ گلزار

موجِ گُل ڈھونڈ بہ خلوتکدۂ غنچۂ باغ
گُم کرے گوشۂ مے خانہ میں گر تُو دستار

کھینچے گر مانیٔ اندیشہ چمن کی تصویر
سبز مثلِ خطِ نوخیز ہو خطِّ پرکار

لعل سے کی ہے پئے زمزمۂ مدحتِ شاہ
طُوطیٔ سبزۂ کہسار نے پیدا منقار

وہ شہنشاہ کہ جس کے پئے تعمیرِ سَرا
چشمِ جبریل ہُوئی قالبِ خشتِ دیوار

فلکُ العرش ہجُومِ خمِ دوشِ مزدُور

رشتۂ فیضِ ازل سازِ طنابِ معمار

سبزۂ نُہ چمن و یک خطِ پُشتِ لبِ جام

رفعتِ ہمّتِ صد عارف و یک اوجِ حصار

واں کے خاشاک سے حاصل ہو جسے یک پرِ کاہ

وہ رہے مروحۂ بالِ پری سے بےزار

خاکِ صحرائے نجَف جوہرِ سیرِ عُرَفا

چشمِ نقشِ قدم آئینۂ بختِ بیدار

ذرّہ اُس گرد کا خورشید کو آئینۂ ناز

گرد اُس دشت کی اُمّید کو اِحرامِ بہار

آفرینش کو ہے واں سے طلبِ مستیٔ ناز

عرضِ خمیازۂ ایجاد ہے ہر موجِ غُبار

مطلعِ ثانی

فیض سے تیرے ہے اے شمعِ شبستانِ بہار

دلِ پروانہ چراغاں، پرِ بُلبُل گلزار

شکلِ طاؤس کرے آئنہ خانہ پرواز
ذوق میں جلوے کے تیرے بہ ہوائے دیدار

تیری اولاد کے غم سے ہے بروئے گردوں
سلکِ اختر میں مہِ نو مژۂ گوہر بار

ہم عبادت کو ترا نقشِ قدم مُہرِ نماز
ہم ریاضت کو ترے حوصلے سے اِستظہار

مدح میں تیری نہاں زمزمۂ نعتِ نبیؐ
جام سے تیرے عیاں بادۂ جوشِ اسرار

جوہرِ دستِ دُعا آئنہ یعنی تاثیر
یک طرف نازشِ مژگان و دِگر سو غمِ خار

مُردُمک سے ہو عزا خانۂ اِقبالِ نگاہ
خاکِ در کی ترے جو چشم نہ ہو آئنہ دار

دشمنِ آلِ نبیؐ کو بہ طربِ خانۂ دہر
عرضِ خمیازۂ سیلاب ہو طاقِ دیوار

دیدہ تا دل اسدؔ آئینۂ یک پرتوِ شوق
فیضِ معنی سے خطِ ساغرِ راقم سرشار

منقبت میں

دہر جز جلوۂ یکتائیٔ معشوق نہیں
ہم کہاں ہوتے اگر حسن نہ ہوتا خود بیں

بے دلی ہائے تماشا کہ نہ عبرت ہے نہ ذوق
بے کسی ہائے تمنّا کہ نہ دُنیا ہے نہ دیں

ہرزہ ہے نغمۂ زیر و بمِ ہستی و عدم
لغو ہے آئنۂ فرقِ جُنون و تمکیں

نقشِ معنی ہمہ خمیازۂ عرضِ صُورت
سُخنِ حق ہمہ پیمانۂ ذوقِ تحسیں

لافِ دانش غلط و نفعِ عبادت معلوم
دُردِ یک ساغرِ غفلت ہے چہ دُنیا و چہ دیں

مثلِ مضمونِ وفا باد بدستِ تسلیم
صُورتِ نقشِ قدم خاک بہ فرقِ تمکیں

عشق، بے ربطیٔ شیرازۂ اجزائے حواس
وصل، زنگارِ رُخِ آئینۂ حُسنِ یقیں

کوہکن، گُرسنہ مزدُورِ طرب گاہِ رقیب
بیستُوں، آئینۂ خوابِ گرانِ شیریں

کس نے دیکھا نفَسِ اہلِ وفا آتش خیز!
کس نے پایا اثرِ نالۂ دِل ہائے حزیں!

سامعِ زمزمۂ اہلِ جہاں ہُوں، لیکن
نہ سر و برگِ ستائش، نہ دِماغِ نفریں

کس قدر ہرزہ سرا ہُوں کہ عیاذاً باِللہ
یک قلم خارجِ آدابِ وقار و تمکیں

نقشِ لاحول لکھ اے خامۂ ہذیاں تحریر
یا علیؓ عرض کر اے فطرتِ وسواس قریں

مظہرِ فیضِ خُدا، جان و دِلِ ختمِ رُسُلؐ
قبلۂ آلِ نبیؐ، کعبۂ ایجادِ یقیں

ہو وہ سرمایۂ ایجاد جہاں گرمِ خرام
ہر کفِ خاک ہے واں گردۂ تصویرِ زمیں

جلوہ پرداز ہو نقشِ قدم اُس کا جس جا
وہ کفِ خاک ہے ناموسِ دو عالَم کی امیں

نسبتِ نام سے اُس کی ہے یہ رُتبہ کہ رہے
ابدًا پُشتِ فلک خم شُدۂ نازِ زمیں

فیضِ خُلق اُس کا ہی شامل ہے کہ ہوتا ہے سدا
بُوئے گُل سے نفَسِ بادِ صبا عطر آگیں

بُرّشِ تیغ کا اُس کی ہے جہاں میں چرچا
قطع ہو جائے نہ سر رشتۂ ایجاد کہیں

کُفر سوز اُس کا وہ جلوہ ہے کہ جس سے ٹُوٹے
رنگِ عاشق کی طرح رونقِ بُت خانۂ چیں

جاں پناہا! دل و جاں فیض رسانا! شاہا!
وصیِ ختمِ رُسُلؑ تُو ہے بہ فتوائے یقیں

جسمِ اطہر کو ترے دوشِ پیمبرؐ منبر
نامِ نامی کو ترے ناصیۂ عرش نگیں

کِس سے ممکن ہے تری مَدح بغیر از واجب
شُعلۂ شمع مگر شمع پہ باندھے آئیں

آستاں پر ہے ترے جوہرِ آئینۂ سنگ

رقمِ بندگیٔ حضرتِ جبریلِ امیں

تیرے در کے لیے اسبابِ نثار آمادہ

خاکیوں کو جو خُدا نے دیے جان و دل و دیں

تیری مدحت کے لیے ہیں دل و جاں کام و زباں

تیری تسلیم کو ہیں لوح و قلم دست و جبیں

کس سے ہو سکتی ہے مدّاحیٔ ممدُوحِ خُدا

کس سے ہو سکتی ہے آرائشِ فردوسِ بریں!

(ق)

جنسِ بازارِ معاصی اسدُاللہ اسد

کہ سوا تیرے کوئی اس کا خریدار نہیں

شوخیٔ عرضِ مطالب میں ہے گُستاخِ طلب

ہے ترے حوصلۂ فضل پہ از بسکہ یقیں

دے دُعا کو مری وہ مرتبۂ حُسنِ قبُول

کہ اجابت کہے ہر حرف پہ سو بار آمیں

غمِ شبیرؓ سے ہو سینہ یہاں تک لبریز

کہ رہیں خونِ جگر سے مری آنکھیں رنگیں

طبع کو اُلفتِ دُلدُل میں یہ سرگرمیٔ شوق
کہ جہاں تک چلے اُس سے قدم اور مجھ سے جبیں

دلِ اُلفت نسب و سینۂ توحید فضا
نگہِ جلوہ پرست و نفسِ صدق گزیں

صرفِ اعدا، اثرِ شعلہ و دُودِ دوزخ
وقفِ احباب گُل و سُنبلِ فردوسِ بریں

مدحِ شاہ ظفر

ہاں مہِ نو سُنیں ہم اُس کا نام
جس کو تو جُھک کے کر رہا ہے سلام

دو دِن آیا ہے تُو نظر دمِ صُبح
یہی انداز اور یہی اندام

بارے دو دِن کہاں رہا غائب؟
"بندہ عاجز ہے، گردشِ ایّام!

اُڑ کے جاتا کہاں کہ تاروں کا
آسماں نے بچھا رکھا تھا دام"
مرحبا اے سُرورِ خاصِ خواص
حبّذا اے نشاطِ عامِ عوام!
عُذر میں تین دن نہ آنے کے
لے کے آیا ہے عید کا پیغام؟
اُس کو بھولا نہ چاہیے کہنا
صُبح جو جاوے اور آوے شام
ایک میں کیا کہ سب نے جان لیا
تیرا آغاز اور ترا انجام
رازِ دل مجھ سے کیوں چھپاتا ہے؟
مُجھ کو سمجھا ہے کیا کہیں نمّام؟
جانتا ہُوں کہ آج دُنیا میں
ایک ہی ہے اُمّیدگاہِ انام
میں نے مانا کہ تُو ہے حلقہ بگوش
غالِب اس کا مگر نہیں ہے غلام؟

جانتا ہُوں کہ جانتا ہے تُو
تب کہا ہے بطرزِ استفہام
مہرِ تاباں کو ہو تو ہو، اے ماہ!
قُربِ ہر روزہ بر سبیلِ دوام
تُجھ کو کیا پایہ رُوشناسی کا
جُز بہ تقریبِ عیدِ ماہِ صیام
جانتا ہُوں کہ اُس کے فیض سے تُو
پھر بنا چاہتا ہے ماہِ تمام
ماہ بن، ماہتاب بن، میں کون
مُجھ کو کیا بانٹ دے گا تُو اِنعام؟
میرا اپنا جُدا مُعاملہ ہے
اور کے لین دین سے کیا کام
ہے مجھے آرزُوئے بخششِ خاص
گر تجُھے ہے اُمّیدِ رحمتِ عام
جو کہ بخشے گا تجُھ کو فرِّ فروغ
کیا نہ دے گا مجُھے مۓ گلفام؟

(ق)

جب کہ چودہ منازلِ فلکی
کر چکے قطع تیری تیزیٔ گام

تیرے پرتو سے ہوں فروغ پذیر
کُوے و مُشکوے و صحن و منظر و بام

دیکھنا میرے ہاتھ میں لبریز
اپنی صُورت کا اِک بلُوریں جام

پھر غزل کی روِش پہ چل نکلا
توسَنِ طبع چاہتا تھا لگام

غزل

زہرِ غم کر چکا تھا میرا کام
تجھ کو کس نے کہا کہ ہو بدنام

مے ہی پھر کیوں نہ میں پیے جاؤں
غم سے جب ہو گئی ہو زیست حرام

بوسہ کیسا، یہی غنیمت ہے
کہ نہ سمجھیں وہ لذّتِ دُشنام

کعبے میں جا بجائیں گے ناقُوس
اب تو باندھا ہے دَیر میں اِحرام

اُس قدَح کا ہے دَور مجُھ کو نقد
چرخ نے لی ہے جس سے گردش وام

بوسہ دینے میں اُن کو ہے اِنکار
دِل کے لینے میں جن کو تھا اِبرام

چھیڑتا ہُوں کہ اُن کو غصّہ آئے
کیوں رکھوں ورنہ غالب اپنا نام؟

کہ چکا میں تو سب کچھ اب تُو کہ
اے پری چہرہ پیکِ تیز خِرام

کون ہے جس کے دَر پہ ناصیہ سا
ہیں مہ و مہر و زُہرہ و بہرام؟

تُو نہیں جانتا تو مجُھ سے سُن
نامِ شاہنشہِ بلند مقام

قبلۂ چشم و دل بہادر شاہ
مظہرِ ذُوالجلالِ والاِکرام

شہسوارِ طریقۂ انصاف
نو بہارِ حدیقۂ اِسلام
جس کا ہر فعل صورتِ اعجاز
جس کا ہر قول معنئ الہام
بزم میں میزبانِ قیصر و جم
رزم میں اُوستادِ رستم و سام
اے ترا لُطف زندگی افزا
اے ترا عہد فرّخی فرجام
چشمِ بد دُور خسروانہ شکوہ!
لوحش اللہ عارفانہ کلام!
جاں نثاروں میں تیرے قیصرِ رُوم
جُرعہ خواروں میں تیرے مُرشدِ جام
وارثِ مُلک جانتے ہیں تجھے
اِیرج و تُور و خُسرو و بہرام
زورِ بازو میں مانتے ہیں تجھے
گیو و گودَرز و بیژن و رُہّام

(ق)

مرحبا مُوشگافیٔ ناوک!

آفریں آب داریٔ صمصام

تیر کو تیرے تیرِ غیر ہدف

تیغ کو تیری تیغِ خصم نیام

(ق)

رعد کا کر رہی ہے کیا دم بند

برق کو دے رہا ہے کیا اِلزام

تیرے فیلِ گراں جَسد کی صدا

تیرے رخشِ سُبک عناں کا خرام

(ق)

فنِّ صُورت گری میں تیرا گُرز

گر نہ رکھتا ہو دست گاہِ تمام

اُس کے مضرُوب کے سر و تن سے

کیوں نُمایاں ہو صُورتِ اِدغام

(ق)

جب ازل میں رقَم پذیر ہُوئے

صفحہ ہائے لیالی و ایّام

اور اُن اوراق میں بہ کلکِ قضا

مُجملاً مُندَرَج ہُوئے احکام

لِکھ دِیا شاہدوں کو عاشِق کُش

لِکھ دیا عاشِقوں کو دُشمن کام

آسماں کو کہا گیا کہ کہیں

گُنبدِ تیز گردِ نیلی فام

حُکمِ ناطِق لِکھا گیا کہ لِکھیں

خال کو دانہ اور زُلف کو دام

آتش و آب و باد و خاک نے لی

وضعِ سوز و نم و رَم و آرام

مہرِ رخشاں کا نام خُسرِوِ روز

ماہِ تاباں کا اِسم شحنۂ شام

تیری توقیعِ سلطنت کو بھی

دی بدستُور صُورتِ اِرقام

کاتِبِ حُکم نے بہ مُوجبِ حُکم

اِس رقم کو دیا طرازِ دوام

ہے ازل سے روائیٔ آغاز

ہو ابد تک رسائیٔ انجام

مدحِ شاہ

صُبح دم دروازۂ خاور کھلا
مہرِ عالم تاب کا منظر کھلا
خُسروِ انجُم کے آیا صَرف میں
شب کو تھا گنجینۂ گوہر کھُلا
وہ بھی تھی اِک سِیمیا کی سی نمُود
صُبح کو رازِ مہ و اختر کھُلا
ہیں کواکب کچھ، نظر آتے ہیں کچھ
دیتے ہیں دھوکا یہ بازی گر کھُلا
سطحِ گردُوں پر پڑا تھا رات کو
موتیوں کا ہر طرف زیور کھُلا
صُبح آیا جانبِ مشرق نظر
اِک نگارِ آتشیں رُخ، سر کھُلا

تھی نظر بندی، کیا جب رَدِّ سحر
بادۂ گُل رنگ کا ساغر کھُلا
لا کے ساقی نے صَبُوحی کے لیے
رکھ دیا ہے ایک جامِ زر کھُلا
بزمِ سُلطانی ہُوئی آراستہ
کعبۂ اَمن و اماں کا در کھُلا
تاجِ زرّیں مہرِ تاباں سے سوا
خُسرَوِ آفاق کے مُنھ پر کھُلا
شاہِ روشن دِل بہادُر شہ، کہ ہے
رازِ ہستی اُس پہ سر تا سر کھُلا
وُہ کہ جس کی صُورتِ تکوین میں
مقصدِ نُہ چرخ و ہفت اختر کھُلا
وُہ کہ جس کے ناخُنِ تاوِیل سے
عُقدۂ احکامِ پیغمبرؐ کھُلا
پہلے دارا کا نِکل آیا ہے نام
اُس کے سرہنگوں کا جب دفتر کھُلا

رُوشناسوں کی جہاں فہرست ہے
واں لِکھا ہے چہرۂ قیصر کھلا

(ق)

تَوَسنِ شہ میں ہے وُہ خُوبی کہ جب
تھان سے وہ غیرتِ صَرصَر کھلا

نقشِ پا کی صُورتیں وہ دِل فریب
تُو کہے بُت خانۂ آزر کھُلا

مجُھ پہ فیضِ تربیت سے شاہ کے
منصبِ مہر و مَہ و محوَر کھُلا

لاکھ عُقدے دِل میں تھے، لیکن ہر ایک
میری حدِّ وُسع سے باہر کھُلا

تھا دلِ وابستہ قُفلِ بے کلید
کِس نے کھولا، کب کھلا، کیوں کر کھُلا؟

باغِ معنی کی دِکھاؤں گا بہار
مجُھ سے گر شاہِ سُخَن گُستر کھُلا

ہو جہاں گرمِ غزل خوانی نفَس
لوگ جانیں طبلۂ عنبر کھُلا

غزل

کُنج میں بیٹھا رہُوں یُوں پَر کھُلا
کاشکے ہوتا قفَس کا در کھُلا

ہم پُکاریں اور کھُلے؛ یُوں کون جائے
یار کا دروازہ پاویں گر کھُلا

ہم کو ہے اِس رازداری پر گھمنڈ
دوست کا ہے راز دُشمن پر کھُلا

واقعی دِل پر بھلا لگتا تھا داغ
زخم لیکن داغ سے بہتر کھُلا

ہاتھ سے رکھ دی کب ابرُو نے کمان
کب کمر سے غمزے کی خنجر کھُلا

مُفت کا کِس کو بُرا ہے بدرَقہ
رہروی میں پردۂ رہبر کھُلا

سوزِ دِل کا کیا کرے بارانِ اشک
آگ بھڑکی، مینہ اگر دم بھر کھُلا

نامے کے ساتھ آ گیا پیغامِ مرگ
رہ گیا خط میری چھاتی پر کھُلا

دیکھیو غالبؔ سے گر اُلجھا کوئی
ہے ولی پوشیدہ اور کافر کھُلا

پھر ہُوا مدحت طرازی کا خیال
پھر مہ و خُورشید کا دفتر کھُلا

خامے نے پائی طبیعت سے مدد
بادباں بھی، اُٹھتے ہی لنگر، کھُلا

مدح سے، ممدُوح کی دیکھی شکوہ
یاں عرض سے رُتبۂ جوہر کھُلا

مہر کانپا، چرخ چکّر کھا گیا
بادشہ کا رایتِ لشکر کھُلا

بادشہ کا نام لیتا ہے خطیب
اب عُلوِّ پایۂ منبر کھُلا

سکّۂ شہ کا ہوا ہے رُوشناس
اب عیارِ آبرُوئے زر کھُلا

شاہ کے آگے دھرا ہے آئنہ
اب مآلِ سعیِ اِسکندر کھلا
مُلک کے وارِث کو دیکھا خلق نے
اب فریبِ طُغرل و سنجر کھُلا
ہو سکے کیا مدح، ہاں اِک نام ہے
دفترِ مدحِ جہاں داور کھُلا
فکر اچھی پر ستائش نا تمام
عجزِ اعجازِ ستائش گر کھُلا
جانتا ہوں، ہے خطِ لوحِ ازل
تُم پہ اے خاقانِ نام آور کھُلا
تُم کرو صاحبقِرانی، جب تلک
ہے طلسمِ روز و شب کا در کھُلا

در صفتِ انبہ

مثنوی

ہاں، دلِ دردمندِ زمزمہ ساز
کیوں نہ کھولے درِ خزینۂ راز
خامے کا صفحے پر رواں ہونا
شاخِ گُل کا ہے گُل فِشاں ہونا
مجھ سے کیا پُوچھتا ہے، کیا لکھیے؟
نکتہ ہائے خِرَد فزا لکھیے
بارے، آموں کا کچھ بیاں ہو جائے
خامہ نخلِ رُطَب فِشاں ہو جائے
آم کا کون مردِ میداں ہے
ثمر و شاخ گوے و چوگاں ہے

تاک کے جی میں کیوں رہے ارماں
آئے، یہ گوئے اور یہ میداں
آم کے آگے پیش جاوے خاک
پھوڑتا ہے جلے پھپھولے تاک
نہ چلا جب کسی طرح مقدُور
بادۂ ناب بن گیا انگُور
یہ بھی ناچار جی کا کھونا ہے
شرم سے پانی پانی ہونا ہے
مُجھ سے پُوچھو، تمُھیں خبر کیا ہے!
آم کے آگے نیشکر کیا ہے!
نہ گُل اُس میں، نہ شاخ و برگ، نہ بار
جب خزاں آئے تب ہو اُس کی بہار
اور دوڑائیے قیاس کہاں
جانِ شیریں میں یہ مٹھاس کہاں
جان میں ہوتی گر یہ شیرینی
کوہکن باوُجُودِ غمگینی

جان دینے ہیں اُس کو یکتا جان
پر وُہ یُوں سہل دے نہ سکتا جان
نظر آتا ہے یُوں مجھے یہ ثمر
کہ دواخانۂ ازل میں، مگر
آتشِ گُل پہ قند کا ہے قوام
شیرے کے تار کا ہے ریشہ نام
یا یہ ہوگا کہ، فرطِ رافت سے
باغبانوں نے باغِ جنّت سے
انگبیں کے، بہ حُکمِ ربُّ النّاس
بھر کے بھیجے ہیں سربمُہر گلاس
یا لگا کر خضر نے شاخِ نبات
مدّتوں تک دیا ہے آبِ حیات
تب ہُوا ہے ثمر فشاں یہ نخل
ہم کہاں ورنہ اور کہاں یہ نخل
تھا تُرنجِ زر ایک خسرو پاس
رنگ کا زرد پر کہاں بُو باس

آم کو دیکھتا اگر اِک بار
پھینک دیتا طِلائے دست افشار
رونقِ کارگاہِ برگ و نوا
نازشِ دُودمانِ آب و ہوا
رہروِ راہِ خُلد کا توشہ
طُوبیٰ و سِدرہ کا جگر گوشہ
صاحبِ شاخ و برگ و بار ہے آم
ناز پروردۂ بہار ہے آم
خاص وہ آم جو نہ ارزاں ہو
نو برِ نخلِ باغِ سُلطاں ہو
وُہ[1] کہ ہے والئ ولایتِ عہد
عدل سے اُس کے ہے حمایتِ عہد
فخرِ دیں، عزِّ شان و جاہ و جلال
زینتِ طینت و جمالِ کمال
کارفرمائے دین و دولت و بخت
چہرہ آرائے تاج و مسند و تخت

[1] در مدحِ مرزا فخرو ولی عہدِ بہادر شاہ

سایہ اُس کا ہُما کا سایہ ہے
خَلق پر وہ خُدا کا سایہ ہے

(ق)

اے مُفیضِ وجُودِ سایہ و نُور!
جب تلک ہے نمُودِ سایہ و نُور

اِس خُداوندِ بندہ پرور کو
وارثِ گنج و تخت و افسر کو

شاد و دِلشاد و شادماں رکھیو
اور غالبؔ پہ مہرباں رکھیو

قطعات

بہ حضورِ شاہ

اے شہنشاہِ فلک منظرِ بے مثل و نظیر
اے جہاں دارِ کرم شیوۂ بے شبہ و عدیل
پاؤں سے تیرے ملے فرقِ ارادت اورنگ
فرق سے تیرے کرے کسبِ سعادت اکلیل
تیرا اندازِ سخن شانۂ زُلفِ الہام
تیری رفتارِ قلم جُنبشِ بالِ جبریل
تجھ سے عالَم پہ کُھلا رابطۂ قُربِ کلیم
تجھ سے دُنیا میں بچھا مائدۂ بذلِ خلیل
بہ سُخَن اوج دِہِ مرتبۂ معنی و لفظ
بہ کرم داغ نہِ ناصیۂ قُلزُم و نیل

تا، ترے وقت میں ہو عیش و طرب کی توفیر
تا، ترے عہد میں ہو رنج و الم کی تقلیل

ماہ نے چھوڑ دیا ثور سے جانا باہر
زُہرہ نے ترک کیا حُوت سے کرنا تحویل

تیری دانش، مری اصلاحِ مفاسد کی رہین
تیری بخشش، مرے انجاحِ مقاصد کی کفیل

تیرا اقبالِ ترحّم مرے جینے کی نوید
تیرا اندازِ تغافُل مرے مرنے کی دلیل

بختِ ناساز نے چاہا کہ نہ دے مجھ کو اماں
چرخِ کج باز نے چاہا کہ کرے مجھ کو ذلیل

پیچھے ڈالی ہے سرِ رشتۂ اوقات میں گانٹھ
پہلے ٹھونکی ہے بُنِ ناخنِ تدبیر میں کیل

تپشِ دل نہیں بے رابطۂ خوفِ عظیم
کششِ دم نہیں بے ضابطۂ جرِّ ثقیل

دُرِ معنی سے مرا صفحہ لقا کی ڈاڑھی
غمِ گیتی سے مرا سینہ اُمَر کی زنبیل

ا؎ عمرو عیّار

فکر میری گہر اندوزِ اِشاراتِ کثیر
کِلک میری رقم آموزِ عباراتِ قلیل

میرے اِبہام پہ ہوتی ہے تصدّق توضیح
میرے اِجمال سے کرتی ہے تراوش تفصیل

نیک ہوتی مری حالت تو نہ دیتا تکلیف
جمع ہوتی مری خاطر تو نہ کرتا تعجیل

قبلۂ کون و مکاں، خستہ نوازی میں یہ دیر؟
کعبۂ امن و اماں، عُقدہ کُشائی میں یہ ڈھیل؟

گئے وہ دن کہ، نادانستہ، غیروں کی وفاداری
کیا کرتے تھے تُم تقریر ہم خاموش رہتے تھے

بس اب بگڑے پہ کیا شرمندگی، جانے دو، مل جاؤ
قسم لو ہم سے گر یہ بھی کہیں، کیوں ہم نہ کہتے تھے

کلکتے کا جو ذِکر کیا تُو نے ہم نشیں
اِک تیر میرے سینے میں مارا کہ ہائے ہائے

وہ سبزہ زار ہائے مُطرّا کہ، ہے غضب!
وہ نازنیں بُتانِ خُود آرا کہ، ہائے ہائے

صبر آزما وُہ اُن کی نگاہیں کہ، حَف نظر
طاقت رُبا وُہ اُن کا اِشارا کہ، ہائے ہائے

وُہ میوہ ہائے تازۂ شیریں کہ، واہ واہ
وُہ بادہ ہائے ناب گوارا کہ، ہائے ہائے

چکنی ڈلی

ہے جو صاحب کے کفِ دست پہ یہ چکنی ڈلی
زیب دیتا ہے اِسے جس قدر اچّھا کہیے
خامہ انگُشت بہ دنداں کہ اِسے کیا لکھیے
ناطقہ سر بہ گریباں کہ اِسے کیا کہیے
مُہرِ مکتُوبِ عزیزانِ گرامی لکھیے
حرزِ بازُوئے شگرفانِ خُود آرا کہیے
مِسی آلُودہ سر انگُشتِ حسیناں لکھیے
داغِ طرفِ جگرِ عاشقِ شیدا کہیے
خاتمِ دستِ سُلیماں کے مُشابہ لکھیے
سرِ پستانِ پری زاد سے مانا کہیے
اخترِ سوختۂ قیس سے نسبت دیجے
خالِ مشکینِ رُخِ دل کشِ لیلےٰ کہیے

حَجَرُالاَسْوَدِ دیوارِ حرم کیجیے فرض
نافہ آہوئے بیابانِ خُتن کا، کہیے

وضع میں اِس کو اگر سمجھیے قافِ تریاق
رنگ میں سبزۂ نوخیزِ مسیحا کہیے

صَومعے میں اِسے ٹھہرائیے گر مُہرِ نماز
مے کدے میں اِسے خشتِ خُمِ صہبا کہیے

کیوں اِسے قُفلِ درِ گنجِ مَحبّت لکھیے؟
کیوں اِسے نُقطۂ پرکارِ تمنّا کہیے؟

کیوں اِسے گوہرِ نایاب تصوّر کیجے؟
کیوں اِسے مَردُمکِ دیدۂ عَنقا کہیے؟

کیوں اِسے تُکمۂ پیراہنِ لیلیٰ لکھیے؟
کیوں اِسے نقشِ پئے ناقۂ سلمیٰ کہیے؟

بندہ پرور کے کفِ دست کو دِل کیجیے فرض
اور اِس چکنی سُپاری کو سُوَیدا کہیے

نہ پُوچھ اِس کی حقیقت، حضُورِ والا نے
مجھے جو بھیجی ہے بیسن کی روغَنی روٹی
نہ کھاتے گیہُوں، نکلتے نہ خُلد سے باہر
جو کھاتے حضرتِ آدم یہ بیسَنی روٹی

سہرا

خُوش ہو اے بخت کہ ہے آج ترے سر سہرا
باندھ شہزادہ جواں بخت کے سر پر سہرا
کیا ہی اِس چاند سے مُکھڑے پہ بھلا لگتا ہے
ہے ترے حُسنِ دل افروز کا زیور سہرا
سر پہ چڑھنا تجھے پھبتا ہے پر اے طرفِ کُلاہ
مُجھ کو ڈر ہے کہ نہ چھینے ترا لمبر سہرا
ناؤ بھر کر ہی پروئے گئے ہوں گے موتی
ورنہ کیوں لائے ہیں کشتی میں لگا کر سہرا

ساتِ دریا کے فراہم کیے ہوں گے موتی
تب بنا ہوگا اِس انداز کا گز بھر سہرا

رُخ پہ دُولھا کے جو گرمی سے پسِینا ٹپکا
ہے رگِ ابرِ گہر بار سَراسَر سہرا

یہ بھی اِک بے اَدَبی تھی کہ قبا سے بڑھ جائے
رہ گیا آن کے دامن کے برابر سہرا

جی میں اِترائیں نہ موتی کہ ہمیں ہیں اِک چیز
چاہیے پھولوں کا بھی ایک مقرّر سہرا

جب کہ اپنے میں سماویں نہ خُوشی کے مارے
گوندھے پھُولوں کا بھلا پھر کوئی کیوں کر سہرا

رُخِ روشن کی دمک، گوہرِ غلطاں کی چمک
کیوں نہ دِکھلائے فروغِ مہ و اختر سہرا

تارِ ریشم کا نہیں، ہے یہ رگِ ابرِ بہار
لائے گا تابِ گراں باریٔ گوہر سہرا؟

ہم سُخن فہم ہیں، غالب کے طرف دار نہیں
دیکھیں، اِس سہرے سے کہ دے کوئی بڑھ کر سہرا

بیانِ مُصنّف

منظور ہے گزارِشِ احوالِ واقعی
اپنا بیانِ حُسنِ طبیعت نہیں مجھے
سَو پُشت سے ہے پیشۂ آبا سپہ گری
کچھ شاعری ذریعۂ عزّت نہیں مجھے
آزادہ رَو ہوں اور مرا مسلک ہے صُلحِ کُل
ہرگز کبھی کِسی سے عداوت نہیں مجھے
کیا کم ہے یہ شرف کہ ظفؔر کا غُلام ہُوں
مانا کہ جاہ و منصب و ثروت نہیں مجھے
اُستادِ شہ سے ہو مجھے پُرخاش کا خیال ؟
یہ تاب ، یہ مجال ، یہ طاقت نہیں مجھے
جامِ جہاں نُما ہے شہنشاہ کا ضمیر
سوگند اور گواہ کی حاجت نہیں مجھے

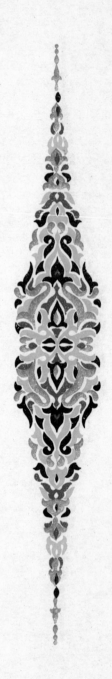

میں کون اور ریختہ، ہاں اس سے مُدّعا
جُز انبساطِ خاطرِ حضرت نہیں مجھے

سہرا لکھا گیا زِ رہِ امتثالِ امر
دیکھا کہ چارہ غیرِ اطاعت نہیں مجھے

مقطع میں آ پڑی ہے سُخن گُسترانہ بات
مقصُود اس سے قطعِ محبّت نہیں مجھے

رُوئے سُخن کسی کی طرف ہو تو رُوسیاہ
سودا نہیں، جنُوں نہیں، وحشت نہیں مجھے

قسمت بُری سہی پہ طبیعت بُری نہیں
ہے شُکر کی جگہ کہ شکایت نہیں مجھے

صادِق ہُوں اپنے قول میں غالبؔ، خُدا گواہ
کہتا ہُوں سچ کہ جُھوٹ کی عادت نہیں مجھے

مدحِ نصرتُ المُلک

نُصرتُ المُلک بہادُر مجھے بتلا کہ مجھے
تجھ سے جو اِتنی اِرادت ہے تو کس بات سے ہے؟

گرچہ تُو وُہ ہے کہ ہنگامہ اگر گرم کرے
رونقِ بزمِ مہ و مِہر تری ذات سے ہے

اور مَیں وہ ہُوں کہ گر جی میں کبھی غور کروں
غیر کیا، خُود مجھے نفرت مری اوقات سے ہے

خستگی کا ہو بھلا، جس کے سبب سے سرِدست
نِسبت اِک گُونہ مرے دل کو ترے ہات سے ہے

ہاتھ میں تیرے رہے توسَنِ دولت کی عِناں
یہ دُعا شام و سحَر قاضئ حاجات سے ہے

تُو سِکندر ہے مرا، فخر ہے مِلنا تیرا
گو شَرَف خِضر کی بھی مجھ کو مُلاقات سے ہے

اِس پہ گُزرے نہ گُماں رِیو و رِیا کا زِنہار
غالبِ خاک نشِیں اہلِ خرابات سے ہے

چہار شنبۂ آخرِ ماہِ صفر

ہے چار شنبۂ آخرِ ماہِ صفر چلو
رکھ دیں چمن میں بھر کے مے مُشک بُو کی ناند
جو آئے، جام بھر کے پیے، اور ہو کے مست
سبزے کو روندتا پھرے، پُھولوں کو جائے پھاند
غالِبؔ یہ کیا بیاں ہے، بجُز مدحِ پادشاہ
بھاتی نہیں ہے اب مجھے کوئی نوِشت خواند
بٹتے ہیں سونے رُوپے کے چھلّے حضُور میں
ہے جِن کے آگے سِیم و زر، مِہر و ماہ ماند
یُوں سمجھیے، کہ بِیچ سے خالی کیے ہُوئے
لاکھوں ہی آفتاب ہیں اور بے شُمار چاند

در مدحِ شاہ

اے شاہِ جہانگیرِ جہاں بخشِ جہاں دار
ہے غیب سے ہر دم تجھے صد گونہ بشارت
جو عقدۂ دُشوار کہ کوشش سے نہ وا ہو
تُو وا کرے اُس عقدے کو، سو بھی بہ اشارت
ممکن ہے کرے خضر سکندر سے ترا ذکر
گر لب کو نہ دے چشمۂ حیواں سے طہارت
آصف کو سُلیماں کی وزارت سے شَرَف تھا
ہے فخرِ سُلیماں، جو کرے تیری وزارت
ہے نقشِ مُریدی ترا، فرمانِ الٰہی
ہے داغِ غلامی ترا، توقیعِ امارت
تو آب سے گر سلب کرے طاقتِ سیلاں
تو آگ سے گر دفع کرے تابِ شرارت
ڈھونڈے نہ ملے موجۂ دریا میں روانی
باقی نہ رہے آتشِ سوزاں میں حرارت

ہے گرچہ مجھے بکتہ سرائی میں توغُّل

ہے گرچہ مجھے سحر طرازی میں مہارت

کیونکر نہ کروں مَدح کو میں ختم دُعا پر

قاصر ہے سِتائش میں تری میری عبارت

نوروز ہے آج اور وہ دِن ہے کہ ہُوئے ہیں

نظارگیٔ صنعتِ حق اہلِ بصارت

تُجھ کو شَرَفِ مہرِ جہاں تاب مُبارک!

غالب کو تری رُتبۂ عالی کی زیارت!

روزہ

اِفطارِ صَوم کی جسے کچھ دستگاہ ہو

اُس شخص کو ضرور ہے روزہ رکھا کرے

جس پاس روزہ کھول کے کھانے کو کچھ نہ ہو

روزہ اگر نہ کھائے تو ناچار کیا کرے!

گزارشِ مُصنّف بہ حُضُورِ شاہ

اے شہنشاہِ آسماں اورنگ
اے جہاں دارِ آفتاب آثار
تھا مَیں اِک بے نوائے گوشہ نشیں
تھا مَیں اِک دَردمندِ سینہ فگار
تُم نے مُجھ کو جو آبرُو بخشی
ہُوئی میری وُہ گرمئ بازار
کہ ہُوا مُجھ سا ذرّۂ ناچیز
رُوشناسِ ثوابت و سیّار
گرچہ از رُوئے ننگِ بے ہُنَری
ہُوں خُود اپنی نظر میں اِتنا خوار
کہ گر اپنے کو میں کہوں خاکی
جانتا ہُوں کہ آئے خاک کو عار
شاد ہُوں لیکن اپنے جی میں کہ ہُوں
بادشہ کا غُلامِ کار گزار

خانہ زاد اور مُرید اور مدّاح

تھا ہمیشہ سے یہ عریضہ نگار

بارے نوکر بھی ہو گیا، صد شُکر

نِسبتیں ہو گئیں مُشَخَّص چار

نہ کہوں آپ سے تو کس سے کہوں

مُدّعائے ضَرُورِیُ الاِظہار

پِیر و مُرشِد! اگرچہ مُجھ کو نہیں

ذَوقِ آرائشِ سر و دستار

کچھ تو جاڑے میں چاہیے آخر

تا نہ دے بادِ زَمہرِیر آزار

کیوں نہ درکار ہو مجھے پوشِش

جسم رکھتا ہُوں، ہے اگرچہ نزار

کچُھ خریدا نہیں ہے اب کے سال

کچُھ بنایا نہیں ہے اب کی بار

رات کو آگ اور دِن کو دُھوپ

بھاڑ میں جائیں ایسے لیل و نہار

آگ تاپے کہاں تلک انسان
دھوپ کھاوے کہاں تلک جاں دار
دھوپ کی تابِش، آگ کی گرمی!
وَقِنَا رَبَّنَا عَذَابَ النَّار!

میری تنخواہ جو مقرّر ہے
اُس کے ملنے کا ہے عجب ہنجار
رسم ہے مُردے کی چھ ماہی ایک
خَلق کا ہے اِسی چلن پہ مدار
مجھ کو دیکھو تو، ہُوں بہ قیدِ حیات
اور چھ ماہی ہو سال میں دو بار
بسکہ لیتا ہُوں ہر مہینے قرض
اور رہتی ہے سُود کی تکرار
میری تنخواہ میں تہائی کا
ہو گیا ہے شریک ساہُوکار
آج مُجھ سا نہیں زمانے میں
شاعِرِ نغز گوئے خوش گُفتار

رزم کی داستان گر سُنیے
ہے زباں میری تیغِ جوہر دار
بزم کا اِلتزام گر کیجے
ہے قلم میرا ابرِ گوہر بار
ظُلم ہے گر نہ دو سُخَن کی داد
قہر ہے گر کرو نہ مجھ کو پیار
آپ کا بندہ، اور پھروں ننگا؟
آپ کا نوکر، اور کھاؤں اُدھار؟
میری تنخواہ کیجے ماہ بہ ماہ
تا، نہ ہو مجھ کو زندگی دُشوار
ختم کرتا ہوں اب دُعا پہ کلام:
(شاعری سے نہیں مجھے سروکار)
تُم سلامت رہو ہزار برس
ہر برس کے ہوں دن پچاس ہزار

رسیہ گلیم ہُوں، لازِم ہے میرا نام نہ لے
جہاں میں جو کوئی فتح و ظفر کا طالِب ہے
ہُوا نہ غلبہ مُیسّر کبھی کِسی پہ مجھے
کہ جو شریک ہو میرا، شریکِ غالب ہے

سہل تھا مُسہل ولے یہ سخت مُشکل آ پڑی
مجھ پہ کیا گزرے گی، اتنے روز حاضِر بن ہوئے
تین دِن مُسہل سے پہلے، تین دن مُسہل کے بعد
تین مُسہل، تین تبریدیں، یہ سب کے دِن ہوئے؟

خُجستہ انجُمن طُوئے میرزا جعفر
کہ جس کے دیکھے سے سب کا ہُوا ہے جی محظُوظ
ہوئی ہے ایسے ہی فرخندہ سال میں غالب
نہ کیوں ہو مادّۂ سالِ عیسوی "محفُوظ"
۱۸۵۴ء

ہُوئی جب میرزا جعفر کی شادی
ہُوا بزمِ طرب میں رقصِ ناہید
کہا غالب سے "تاریخ اِس کی کیا ہے؟"
تو بولا "اِنشراحِ جشنِ جمشید"
۱۲۷۰ھ

گو ایک بادشاہ کے سب خانہ زاد ہیں
دربار دار لوگ بہم آشنا نہیں
کانوں پہ ہاتھ دھرتے ہیں کرتے ہوئے سلام
اِس سے ہے یہ مُراد کہ ہم آشنا نہیں

رُباعیات

بعد از اِتمامِ بزمِ عیدِ اَطفال
ایّامِ جوانی رہے ساغر کشِ حال
آ پہنچے ہیں تا سوادِ اِقلیمِ عدم
اے عُمرِ گزُشتہ یک قدم اِستقبال

شب زُلف و رُخِ عرَق فشاں کا غم تھا
کیا شرح کروں کہ طُرفہ تر عالَم تھا
رویا میں ہزار آنکھ سے صُبح تلک
ہر قطرۂ اشک دیدۂ پُرنَم تھا

آتش بازی سے جیسے شغلِ اَطفال
ہے سوزِ جگر کا بھی اِسی طور کا حال
تھا مُوجدِ عشق بھی قیامت کوئی
لڑکوں کے لیے گیا ہے کیا کھیل نکال!

دِل تھا، کہ جو جانِ دردِ تمہید سہی
بے تابیٔ رشک و حسرتِ دید سہی
ہم اور فسُردن اے تجلّی افسوس
تکرار روا نہیں تو تجدید سہی

ہے خلقِ حسد قماش لڑنے کے لیے
وحشت کدۂ تلاش لڑنے کے لیے
یعنی ہر بار صُورتِ کاغذِ باد
ملتے ہیں یہ بدمعاش لڑنے کے لیے

دِل سخت نژند ہو گیا ہے گویا
اُس سے گِلہ مند ہو گیا ہے گویا
پَر یار کے آگے بول سکتے ہی نہیں
غالب مُنہ بند ہو گیا ہے گویا

دُکھ جی کے پسند ہو گیا ہے غالبؔ
دل رُک رُک کر بند ہو گیا ہے غالبؔ
واللہ کہ شب کو نیند آتی ہی نہیں
سونا سوگند ہو گیا ہے غالبؔ

مشکِل ہے زبس کلام میرا اے دِل
سُن سُن کے اُسے ، سُخن ورانِ کامِل
آساں کہنے کی کرتے ہیں فرمائِش
گویم مشکِل و گر نگویم مشکِل

بھیجی ہے جو مُجھ کو شاہِ جم جاہ نے دال
ہے لُطف و عنایاتِ شہنشاہ پہ دال
یہ شاہ پسند دال بے بحث و جدال
ہے دولت و دین و دانش و داد کی دال

ہَیں شہ میں صِفاتِ ذُوالجلالی باہم
آثارِ جلالی و جمالی باہم
ہوں شاد نہ کیوں سافِل و عالی باہم
ہے اب کے شبِ قدر و دِوالی باہم

حق شہ کی بقا سے خلق کو شاد کرے
تا شاہ شُیُوعِ دانش و داد کرے
یہ دی جو گئی ہے رشتۂ عُمر میں گانٹھ
ہے صِفر کہ افزائشِ اعداد کرے

اِس رشتے میں لاکھ تار ہُوں، بلکہ سوا
اِتنے ہی برس شُمار ہوں، بلکہ سوا
ہر سینکڑے کو ایک گرِہ فرض کریں
ایسی گرہیں ھزار ہوں، بلکہ سوا

کہتے ہیں کہ اب وُہ مردُم آزار نہیں
عُشّاق کی پُرسِش سے اُسے عار نہیں
جو ہاتھ کہ ظُلم سے اُٹھایا ہوگا
کیوں کر مانوں کہ اُس میں تلوار نہیں

ہم گرچہ بنے سلام کرنے والے
کرتے ہیں دِرنگ، کام کرنے والے
کہتے ہیں کہیں خُدا سے، اللہ اللہ!
وہ آپ ہیں صُبح و شام کرنے والے

سامانِ خور و خوِاب کہاں سے لاؤں؟
آرام کے اسباب کہاں سے لاؤں؟
روزہ مرا اِیمان ہے غالبؔ لیکن
خسخانہ و برفاب کہاں سے لاؤں؟

اِن سیم کے بیجوں کو کوئی کیا جانے
بھیجے ہیں جو ارمغاں شہِ والا نے
گن کر دیویں گے ہم دُعائیں سَو بار
فیروزے کی تسبیح کے ہیں یہ دانے